類語アプローチ記憶法
一度覚えたら忘れない！

英検®2級

必ず☆でる単
スピードマスター

合格英単語
1200
＋
派生語
反意語

植田一三
Ueda Ichizo

藤井めぐみ　　川本美和　　上田敏子
Fujii Megumi　Kawamoto Miwa　Ueda Toshiana

Jリサーチ出版

● はじめに ～英検２級受験者へのメッセージ～

　グローバル化が進み、実用英語コミュニケーション力へのニーズがどんどんと高まる中、日本の教育界では、英検２級や準１級に合格できる英語力へのニーズがますます高まっています。実際、２級合格は、早稲田大学、上智大学、関西学院大学、関西大学、同志社大学、中央大学、青山学院大学、学習院大学、明治大学、立命館大学、広島大学、立教大学、法政大学などの大学で優遇されています。また、海外でもアメリカ・カナダの約400の大学は、留学に必要な英語力の証明として英検２級を採用しています。

　このように実用英語力の指標として評価が高まっている英検２級ですが、比較的簡単にパスできる準２級と違って、あまり英語の勉強に力を入れてこなかった高校生や社会人英語学習者にとっては少しハードルが高いと思う人も多いようです。特に、簡単な英文献を読むのに最低必要な4,000語水準の語彙力や、基本動詞や基本英文法力が要求される１番の「**語法問題**」では、５割ぐらいしか得点できない受験者が多いのが現状です。そこで、このセクションで高得点を取り、**一気に英検２級に合格**できるように、必須語彙を光速で習得するために書かれたのが本書です。その特長は次の５つです。

1. 1日約60語ごとの20日間完成とし、日ごとに習得確認テストを設けて、英単語を着実に覚えられるように工夫しました。

2. 類語・関連語グループ約180分類によって、英検２級の必須単語＋熟語の約1200語を、効率よく、最小エネルギーで覚えられるようにしました。

3. 読解やリスニングですぐに意味がわかる語彙と、ライティングやスピーキングで使える語彙を効率よく、増強できるように、重要で覚えやすいフレーズを用意しました。

4. 語彙問題・リーディング・リスニング・ライティング・スピーキングのどのセクションで狙われやすい語かを、V R L W S のマークを付けることによって、その単語が、英文の中で意味がわかるだけでいい語なのか、リスニングの放送で聞き取り、意味が即座にわからなければならない語なのか、英作文で使えないといけない語なのか、スピーキングで使えなければならない語なのかがわかり、効率よく英語の受信力・発信力をUPすることができます。

5. それぞれの単語が覚えやすいように、覚え方のコツを記しました。

　本書の制作にあたり、惜しみない努力をしてくれたアクエアリーズ出版スタッフの藤井めぐみ氏（ピース英語研究室代表）、川本美和氏、上田敏子氏と、われわれの努力の結晶である著書を愛読してくださる読者の皆さんには、心からお礼を申し上げます。それでは明日に向かって英悟の道を

Let's enjoy the process!
(陽は必ず昇る)

植田 一三

CONTENTS

DAY 1　動詞　グループ 1~10 14

1. 明らかにする　　　　　2. 与える・比べる　　　　3. 歩いて・跳ねて・ぶつかる
4. 移動する・運ぶ　　　　5. 合わせる　　　　　　　6. 訴える
7. 液体関係　　　　　　　8. 得る・受け取る　　　　9. おしえる・導く
10. 驚かす・怖がらせる
　　　　　Review Quiz 28

DAY2　動詞　グループ 11~18 30

11. 思う・考える　　　　　12. 変える・替える　　　　13. 記憶・記録する
14. 傷つける・奪う　　　　15. 気分をダウンさせる　　16. 切る・分ける・刺す
17. 禁止・制限・耐える　　18. くっ付ける・関連付ける
　　　　　Review Quiz 42

DAY 3　動詞　グループ 19~26 44

19. 費やす　　　　　　　　20. 消す・やめる　　　　　21. 拒む・無視する
22. 壊す・駄目にする　　　23. させる・義務付ける　　24. 妨げる・遅らせる
25. 実行する・扱う　　　　26. 準備する・きれいにする
　　　　　Review Quiz 56

DAY4　動詞　グループ 27~34 58

27. 称賛する・惹きつける　　　28. 調べる・探す
29. 捨てる　　　　　　　　　　30. 育てる・進化・増加する
31. 確かにする　　　　　　　　32. 出す
33. 達成する・打ち勝つ　　　　34. だます・困らせる
　　　　　Review Quiz 72

DAY5　動詞　グループ 35~42 74

35. 小さくする・弱める　　36. つくる　　　　　　　37. 提案・要求する
38. 出てくる・始める　　　39. 留まる・居住する　　40. 努力する・捧げる
41. 入る・関わる・影響する　42. 判断する・運ぶ
　　　　　Review Quiz 88

類語アプローチ記憶術で2級必勝の語彙力を！

ポイント 1 効率よく＆運用語彙力を増強できる！

　どんな知識を身につける場合でも、同じグループにまとめて体系的に覚えるのが最も効果的なのは、言うまでもありません。これは司法試験合格を目指す場合も同じで、知識のネットワークを頭に入れないと、何度受験してもパスしないと言われています。英単語を覚える場合は特にこのことが重要です。そこで本書では、英検2級必須単語プラス熟語の約1200語を、意味が似ていたり、関連したりしている動詞56グループ、形容詞32グループ、名詞48グループ、副詞7グループ、イディオム40グループに分けて、**効率よく、最小のエネルギー**で183グループをマスターできるようにしました。また、このアプローチで、類語の意味・用法を**比較**することによって、ライティングやスピーキングに使える**「運用語彙」**が増やしやすくなります。

ポイント 2 おすすめの学習ペース！

　一般的な高校生は、毎週あるいは毎日コツコツ覚えて、1年かかって約1000語、3年間で3000語を習得することになっています。本書では、1日に60語を覚え、20日間で一気に1200語をマスターするように区分されていますが、これはある程度語彙力のある人の場合で、準2級に近い人や、それがきつ過ぎる場合は、1日に20語を覚えて、**60日＋復習期間10日間＝70日間完成**でマスターしてください。

　また、本書では約60個ごとに **Review Quiz（習得確認テスト）** を設けていますので、**合格ラインの85％正解**は突破してください。

ポイント **3** フレーズや例文でさらに効率アップ！

　　リーディングやリスニングで「**英⇒日**」、つまりすぐに意味を理解する必要がある語彙と、ライティングやスピーキングで「**日⇒英**」、つまり英語を使う力が必要になる語彙を効率よく増強できるように、重要で覚えやすいフレーズを用意しました。音声を聞きながら、**必ず年の数だけフレーズを音読**して下さい。ボキャブラリーは**五感をすべて使って**体に染みつけましょう。

ポイント **4** セクションごとに攻める！

　　ただ単に、単語の意味が分かるだけでは、2級合格力としては不十分です。その単語がリーディング・リスニング・ライティング・スピーキングの**どのセクションで狙われやすい語であるのか**を知って、**語彙学習をする**ことは非常に重要です。
(本書では、各見出し語に V R L W S のマークが付いていますので、その単語が英文の中で意味がわかるだけでいい語なのか、**リスニングの放送を聞いて即座に意味がわからなければならない語**なのか、**英作文やスピーキングで使えなければならない語**なのかがひと目でわかります)。

- R が付いた見出し語：**大体の意味が分かればOK**
- L が付いた見出し語：活字ではなく**音で聞いて即座に意味が分かる**ように、音声を聞いて正しく発音し、きっちり覚えましょう
- S や W が付いた見出し語：単語を書きながらフレーズを何度も音読し、**運用語彙**（ライティングやスピーキングで使える語彙）**になるように意識的に努力**しましょう

本書の利用法

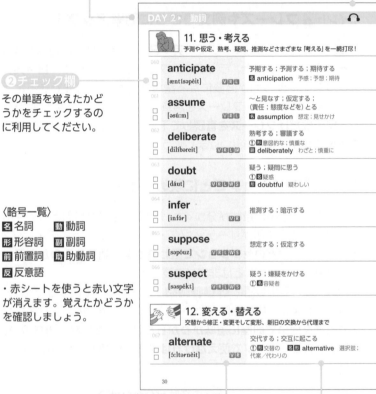

① スケジュール

DAY1 ～ DAY20 を表示します。「20日間完成」はスピードマスターのスケジュールです。準2級に近い人や、それがきつ過ぎる場合は、1日に習得する語数を自分で設定し、無理なく進めていってください。

② チェック欄

その単語を覚えたかどうかをチェックするのに利用してください。

〈略号一覧〉
名 名詞　　動 動詞
形 形容詞　副 副詞
前 前置詞　助 助動詞
反 反意語

・赤シートを使うと赤い文字が消えます。覚えたかどうかを確認しましょう。

DAY 2▸ 動詞

11. 思う・考える
予測や仮定、熟考、疑問、推測などさまざまな「考える」を一網打尽！

060 **anticipate**
[æntísəpèit] V R L
予期する；予測する；期待する
名 anticipation 予感；予想；期待

061 **assume**
[əsúːm] V R L
～と見なす；仮定する；
(責任；態度などを) とる
名 assumption 想定；見せかけ

062 **deliberate**
[dilíbəreit] V R L W
熟考する；審議する
①形 意図的な；慎重な
副 deliberately わざと；慎重に

063 **doubt**
[dáut] V R L W S
疑う；疑問に思う
①名 疑惑
形 doubtful 疑わしい

064 **infer**
[infər] V R
推測する；暗示する

065 **suppose**
[səpóuz] V R L W S
想定する；仮定する

066 **suspect**
[səspékt] V R L W S
疑う；嫌疑をかける
①名 容疑者

12. 変える・替える
交替から修正・変更そして変形、新旧の交換から代理まで

067 **alternate**
[ɔ́ːltərnèit] V R
交代する；交互に起こる
①形 交替の　名形 alternative 選択肢；
代案／代わりの

30

---

③ 見出し語／発音記号／ジャンルのマーク

V R L W S マークで、その見出し語がどのセクションで狙われるかがひと目でわかる＆学習の方向性が即決できます。

④ 意味／派生語／反意語

単語のニュアンスもしっかり身につけられるように、見出し語の意味を過不足なく掲載しています。また、意味の下に置かれているのは派生語と反意語です。まとめて覚えてしまいましょう！

DL音声のトラック番号です。
ぜひ音声もフル活用して単
語を身につけましょう！

学習者が1200語という道のりの
どこにいるかを示します。自分
の立ち位置がイメージできます。

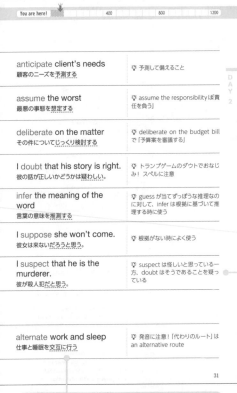

You are here!	400	800	1200

anticipate client's needs
顧客のニーズを予測する

☆ 予測して備えること

D
A
Y
2

assume the worst
最悪の事態を想定する

☆ assume the responsibilityは「責任を負う」

deliberate on the matter
その件についてじっくり検討する

☆ deliberate on the budget bill
で「予算案を審議する」

I doubt that his story is right.
彼の話が正しいかどうかは疑わしい。

☆ トランプゲームのダウトでおなじみ！ スペルに注意

infer the meaning of the
word
言葉の意味を推測する

☆ guess が当てずっぽうな推理なのに対して、infer は根拠に基づいて推理する時に使う

I suppose she won't come.
彼女は来ないだろうと思う。

☆ 根拠がない時によく使う

I suspect that he is the
murderer.
彼が殺人犯だと思う。

☆ suspect は怪しいと思っている一方、doubt はそうであることを疑っている

⑦覚え方のコツ

各単語の一番右の欄には、
単語を覚える際のヒントを
書いていますので、ぜひ参
考にしてください。

alternate work and sleep
仕事と睡眠を交互に行う

☆ 発音に注意！「代わりのルート」は
an alternative route

31

⑥フレーズやセンテンスで覚えよう！

英検２級を想定したフレーズや例文です。単語の用法をつかみ
ながら、読んだり聞いたりしましょう。見出し語が赤字になっ
ていますので、赤シートを使って日本語訳の下線部分を見て
英語を言ってみる、アウトプットトレーニングに最適です。

DAY ごとに、 20問の Review Quiz に挑戦できますので、そのDAYの単語が本当に身についたのかどうか、確認することができます。合格ラインの85％＝17問以上正解を目指しましょう!! 届かなかったらもう一度そのDAY全体を学びなおしましょう！

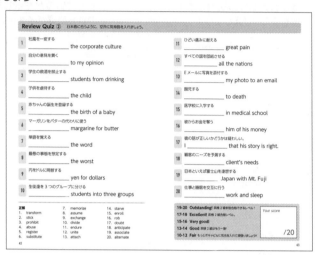

コラム

８本のコラムでは、「間違いやすいスペル」「頻出必須コロケーション」など、 ２級学習者が絶対に知っておくべき語彙知識がまとめられています。直前対策にも便利！

音声・ダウンロードについて

【音声の内容】
全ての見出し語

単語・イディオム（英語）⇒単語・イディオムの意味（日本語）
⇒フレーズ・例文（英語）⇒フレーズ・例文の意味（日本語）

●無料音声ダウンロードの方法は以下のとおりです。

STEP 1 **インターネットで**
https://audiobook.jp/exchange/jresearchにアクセス！

★上記URLを入力いただくか、Jリサーチ出版のサイト（https://www.jresearch.co.jp）内の「音声ダウンロード」バナーをクリックしてください。

STEP 2 **表示されたページから、audiobook.jpの会員登録ページへ。**

★音声のダウンロードには、オーディオブック配信サービス audiobook.jp への会員登録（無料）が必要です。すでに会員登録を済ませている方は STEP 3へ進んでください。

STEP 3 **登録後、再度 STEP 1のページにアクセスし、**
シリアルコード「24932」を入力後、「送信」をクリック！

★作品がライブラリ内に追加されたと案内が出ます。

STEP 4 **必要な音声ファイルをダウンロード！**

★スマートフォンの場合、アプリ「audiobook.jp」の案内が出ますので、アプリからご利用下さい。PCの場合は「ライブラリ」から音声ファイルをダウンロードしてご利用ください。

【ご注意】

- PCからでも、iPhone や Android のスマートフォンやタブレットからでも音声を再生いただけます。
- 音声は何度でもダウンロード・再生いただくことができます。
- ダウンロードについてのお問い合わせ先：**info@febe.jp**（受付時間：平日10〜20時）

※本サービスは予告なく変更・終了する場合があります。

1. 明らかにする
情報や真実を暴露する表現から美術品の展示、日光浴も！

001	**disclose** [disklóuz] V R	暴露する；公表する
002	**exhibit** [igzíbit] V R L W S	展示する；示す
003	**expose** [ikspóuz] V R L	（危険；批評などに）さらす；暴露する 名 exposure　暴露；被爆；接すること
004	**reveal** [rivíːl] V R L W	明るみに出す；明白にする
005	**uncover** [ʌnkʌ́vər] V R	明るみに出す；発掘する；覆いをとる

2. 与える・比べる
単発で「与える」だけでなく長期間・定期的な「供給」や「寄付」まで

006	**deliver** [dilívər] V R L W S	配達する；（演説などを）する；出産する 名 delivery　配達；分娩
007	**feed** [fíːd] V R L W S	食べ物を与える；常食とする（〜 on）； （燃料・情報などを）供給する ① 名 飼料
008	**provide** [prəváid] V R L W S	支給する；与える；もたらす 名 provision　支給

disclose information
情報を公開する

💡 close (閉じる) dis (逆) から

exhibit the paintings
絵画を展示する

💡 エキシビション (競技ではなく技能を見せる公開演技) はここから

expose my skin to the sunlight
肌を日光にさらす

💡 be exposed to danger で「危険にさらされている」

reveal the fact
真実を明らかにする

💡 関連語は veil (覆い)

uncover the truth
真相を明るみに出す

💡 cover (覆い) を un (しない) こと

deliver the mail
郵便を配達する

💡「デリバリー」でおなじみ

feed on grass
(家畜が) 草を食う

💡《掲示》DON'T FEED THE ANIMALS (動物にエサをやらないで下さい)

provide the poor with food and clothes
貧しい人に食料と服を供給する

💡 困っている人にサービス・仕事・食料などを与えること

009	**supply** [səplái] `V` `R` `L` `S`	供給する ① 名 供給；必需品 名 supplement 補足 反 demand 要求する
010	**distribute** [distríbju:t] `V` `R` `L` `S`	分配する；配布する
011	**donate** [dóuneit] `V` `R` `L` `W` `S`	寄付する；提供する 名 donation / donor 寄付／ドナー；提供者
012	**infect** [infékt] `V` `R` `L` `S`	感染させる 名 infection 感染；悪影響

3. 歩いて・跳ねて・ぶつかる
jump 以外にもたくさん！ 実際の動作を思い浮かべながら覚えていこう！

013	**wander** [wándər] `V` `R` `L` `W`	さまよう；当てもなく歩く ① 名 散歩 名 wanderer 放浪者
014	**creep** [krí:p] `V` `R` `L`	はう；忍び寄る ① 名 徐行 形 creepy 不気味な
015	**leap** [lí:p] `V` `R` `L`	跳び越える；急に上昇する ① 名 跳躍；飛躍
016	**bounce** [báuns] `V` `R` `L`	弾む；反射する；跳ね返らせる ① 名 弾み；弾力性
017	**crash** [krǽʃ] `V` `R` `L` `W` `S`	(激しく)衝突する； (音を立てて)壊れる ① 名 衝突事故

DAY 1

supply water to[for] the town
その町に水を供給する

💡 電気・水などを長期間、定期的に
与えること

distribute a free software
無料ソフトウエアを配布する

💡 deliver と違い、複数の人に配布
する時に使う

donate one million yen to
charity
チャリティーに100万円を寄付する

💡 「献血」は a blood donation

He was infected with flu.
彼はインフルエンザに感染した

💡 「コンピューターウイルスに感染し
た」は infected with a computer
virus

wander around the city
街をぶらつく

💡 wonder (不思議に思う) と混同し
ないように！

I crept into my house.
私はこっそりと家に入った。

💡 You crept into my heart. (いつ
の間にかあなたが私の心に入り込ん
でいた。) こんな表現もあり！

leap high into the air
空中に跳び上がる

💡 アポロ11号アームストロング船長の名言:
One small step for a man, one giant
leap for mankind. (人間にとっては小さな
一歩だが人類にとっては偉大な飛躍だ。)

bounce a ball
ボールを弾ませる

💡 bounce back は「跳ね返る」以
外に「(送信した)メールが)戻ってくる」
という意味もある

He crashed his car into the
wall.
彼は車を壁に激突させた。

💡 「ガチャン」「ドシン」など、物が壊
れたり倒れたりする時の音から

17

018	**bump** [bámp] V R L	ぶつかる； (車などが) がたがた揺れながら進む ① 名 衝突；こぶ 形 bumpy　(道が) でこぼこの
019	**encounter** [inkáuntər] V R L	(人に) 偶然出くわす； 直面する
020	**confront** [kənfránt] V R L	立ち向かう；直面する 名 confrontation　対立；直面

4. 移動する・運ぶ
データを送ったり本社を移転したり会社に通ったり……

021	**transmit** [trænsmít] V R L	送る；伝える；伝染させる 名 transmission　伝達；変速機
022	**transfer** [trænsfé:r] V R L	移す；転勤 ① 名 移転；転校；乗り換え
023	**convey** [kənvéi] V R L	伝える；運ぶ 名 conveyer　伝達者；運搬する物
024	**commute** [kəmjú:t] V R L	通勤 [学] する；取り替える 名 commuter　通勤通学者

5. 合わせる
調和している、そこにピタリと合っている＝適切なイメージ

| 025 | **coordinate** [kouɔ́:rdənət] V R L | 調和させる；調整する
名 coordinator　調整役；コーディネイター |

bump his head against the door
ドアに頭をぶつける

💡 バン (プ) と「ぶつかる」と覚えよう

encounter a new problem
新たな問題に直面する

💡 敵や問題と counter (対峙する) から

confront a serious threat
深刻な脅威に立ち向かう

💡 con (共に) front (前) を向くと直面する

transmit data
データを送信する

💡「性感染症」は sexually transmitted diseases

transfer our head office to Tokyo
本社を東京に移す

💡 trans (越えて) fer (運ぶ) から

convey a clear message
明確なメッセージを伝える

💡 工場などの「ベルトコンベヤー」は a conveyer belt

commute to work by train
列車で通勤する

💡 (定期券を利用して) 電車で学校などに通うこと

coordinate the color of my shirt with my skirt
シャツの色をスカートの色と合わせる

💡 日本語の「コーディネーション」(服装などを調和よく組み合わせること) はここから

19

026	**apply** [əplái] `V R L W S`	当てはめる；応用する；申し込む 名 application 申し込み；適用
027	**qualify** [kwáləfài] `V R L W S`	適任とする；適任である；資格を得る 名 qualification 資格；適性；免許証
028	**deserve** [dizə́ːrv] `V R L W S`	(賞罰；注目などに) 値する； ～を受けて当然だ

6. 訴える

心に訴えるところから手順を踏んで相手を訴えるところまでいろいろ！

029	**appeal** [əpíːl] `V R L W S`	懇願する；(人の心などに) 訴える ① 名 魅力；嘆願
030	**accuse** [əkjúːz] `V R L`	(法廷に) 訴える；非難する 名 accusation 非難；告訴
031	**file** [fáil] `V R`	(告訴；申請など) を起こす；(書類など) を整理する ① 名 ファイル；書類
032	**resort** [rizɔ́ːrt] `V R L`	(ある手段に) 訴える；頼る ① 名 保養地；行楽地
033	**sue** [súː] `V R`	訴訟を起こす； (公式に何かを) 求める

apply for a job
仕事に応募する

💡 ビジネスや実験などで「アプライする」という表現は日本語でも用いられる

qualify for the Olympics
オリンピックの出場権を得る

💡 qualify は quali (資質) があるとみなすこと。certify は certi (確か) に認定・保証すること

deserve attention
注目に値する

💡 You deserve it! は良い意味 (称賛に価する) でも悪い意味 (自業自得) でも使える表現

appeal to young people
若者の心に訴える

💡 自己アピールとは、自分の魅力や長所を相手に売り込むこと

accuse him of murder
彼を殺人罪で告訴する

💡 cuse は「原因」。関連語に excuse (弁明) がある

file for divorce
離婚訴訟を起こす

💡 法的な file(書類) を提出する →「告訴する」

resort to violence
暴力に訴える

💡 last resort (最後の手段) も覚えよう!

sue him for damages
損害賠償訴訟で彼を訴える

💡 「求婚する; 言い寄る」という意味もある

7. 液体関係

こぼしたり、凍ったり溶けたり、あふれたり湿らせたりと七変化!

034	**spill** [spíl] V R L W S	こぼす;吐き出す;こぼれる

035	**freeze** [frí:z] V R L W S	凍る;凍らせる;動かなくなる 形 frozen 凍結した;ひややかな

036	**melt** [mélt] V R L W S	溶ける;溶かす;融解する

037	**dissolve** [dizálv] V R	溶解する;解散する

038	**flood** [flʌ́d] V R L	水浸しにする;(水;人などで) あふれる ① 名 洪水;殺到

039	**soak** [sóuk] V R L	(液体に) 浸す;十分湿らせる ① 名 浸すこと

040	**absorb** [əbzɔ́:rb] V R L	吸収する;夢中にさせる 形 absorbed 没頭した;吸収された

8. 得る・受け取る

何かをゲットする!というより「習慣・逮捕・相続・獲得」など大人なイメージ

041	**acquire** [əkwáiər] V R L W	(習慣などを) 身につける; 獲得する 名 acquisition 習得;買収

22

spill coffee on my dress ドレスにコーヒーをこぼす	活用は2種類、spill-spilled-spilled（米）／spill-spilt-spilt（英）
Water freezes at zero degrees Celsius. 水は0℃で凍る。	「フリーザー」は冷凍庫のこと。Freeze!（動くな！）も重要
The snow is melting. 雪が溶けている。	異人種が集まり形成されたアメリカ社会のことを、melting pot（人種のるつぼ）と呼ぶ
dissolve salt in water 塩を水で溶かす	solve（解く）が語幹、他にresolve（解決する）など
The typhoon flooded the city. 台風で街が水浸しになった。	発音に注意！
soak a towel in hot water タオルを温水に浸ける	have a soakは「風呂（水）につかる」
absorb water 水を吸収する	水などに限らずabsorb knowledge（知識を吸収する）という表現も

acquire a foreign language 外国語を身につける	quire（捜し求める）が語幹。他にrequire（要求する）がある

042
arrest
☐
☐ [ərést] ⓥⓡⓛⓦⓢ

逮捕する；止める
①名 検挙；停止

043
inherit
☐
☐ [inhérit] ⓥⓡⓛ

受け継ぐ；相続する

044
obtain
☐
☐ [əbtéin] ⓥⓡⓛ

獲得する；入手する

045
reap
☐
☐ [ríːp] ⓥⓡ

刈り取る；(報いなどを) 受ける

---

9. おしえる・導く
説明しておしえるだけでなく、操縦、誘導、図解など多彩！

046
explain
☐
☐ [ikspléin] ⓥⓡⓛⓦⓢ

説明する；釈明する
名 explanation 説明；解釈

047
demonstrate
☐
☐ [démənstrèit] ⓥⓡⓛⓦ

明らかに示す；証明する
名 demonstration 明示；実演；デモ

048
direct
☐
☐ [dirékt] ⓥⓡⓛⓦⓢ

指示する；指導する
①形 直接の；まっすぐな
名 director / direction 指揮官；ディレク
ター／方向；指示

049
navigate
☐
☐ [nǽvəgéit] ⓥⓡⓛ

操縦する；誘導する；かじをとる
名 navigation 航行；ナビゲーション

050
illustrate
☐
☐ [íləstrèit] ⓥⓡⓛ

例証する；図解する
名 illustration 実例；挿絵；イラスト

---

arrest a criminal
犯人を逮捕する

💡 You're under arrest. (お前を逮捕する) は刑事ドラマの決め台詞

inherit the family business
家業を継ぐ

💡 herit (相続) に関連する言葉は他に a heritage (遺産) がある

obtain permission
許可を得る

💡 努力・計画をして手に入れること

reap the benefits
利益を得る

💡 You reap what you saw. は「自分で蒔いた種は自分で刈る。」→「自業自得」

explain the rule
ルールを説明する

💡 So that explains it! (そういうことだったのか！) はよく使う口語表現

demonstrate how to use the machine
機械の使い方を実演する

💡 実験や実演ではっきり示すこと。「デモ」や「デモンストレーション」でおなじみ

direct the new project
新しい計画を指揮する

💡 映画監督も director

navigate a ship
船を操縦する

💡 「カーナビ」 は the car navigation system

illustrate the key point
重要点を図で説明する

💡 「イラスト」は和製英語、英語では illustration なので注意！

051

tutor

☐
☐ [tjúːtər] V R L

個人指導する；（家庭教師として）教える
① 名 家庭教師

---

10. 驚かす・怖がらせる

感動的な驚きから恐れを伴う驚き、そこから発する身震いまで

052

impress

☐
☐ [imprés] V R L W S

（強く）印象を与える；感動させる
名 impression　印象
形 impressive　印象的な

053

amaze

☐
☐ [əméiz] V R L W S

驚嘆させる；仰天させる
形 amazing　驚嘆すべき；見事な

054

astonish

☐
☐ [əstániʃ] V R L W S

（突然ひどく）びっくりさせる

055

frighten

☐
☐ [fráitn] V R L W S

おびえさせる；ぞっとさせる
名 fright　恐怖

056

scare

☐
☐ [skɛ́ər] V R L

こわがらせる；脅かす；おびえさせる
形 scary　恐ろしい；臆病な

057

haunt

☐
☐ [hɔ́ːnt] V R L

頻繁に出没する；付きまとう

058

tremble

☐
☐ [trémbl] V R L W S

身震いする；震動する
① 名 震え；震動

059

waver

☐
☐ [wéivər] V R L

揺れる；（心が）揺れ動く
① 名 揺れ；動揺

---

tutor him in English
彼に英語の個人指導をする

💡 一人または少人数に対して個人的に教えること

I was **impressed** by his speech.
私は彼の演説に感動した。

💡 心の im (中へ) press (跡が残るほど押す)

You **amazed** me!
君にはびっくりしたよ。

💡 複雑な maze (迷路) にびっくりするイメージ

The accident **astonished** us.
その事故は私たちをひどく驚かせた。

💡 be astonished at[by] ～「～に驚く」。一般的な驚き surprise より強い

Don't **frighten** the children.
子供達をおびえさせてはいけません。

💡 fright (恐怖) en (にする)

scare birds away
鳥を怖がらせて追い払う

💡 I'm scared. (怖い) の形でよく使われる

The memory still **haunts** me.
その記憶が今でも私に付きまとう。

💡 「お化け屋敷」のことを a haunted house という

tremble with fear
恐怖で震える

💡 shake と比べて揺れが小さく、身震いするイメージ

waver between hope and despair
希望と絶望の間で揺れ動く (一喜一憂する)

💡 wave (波) のイメージで覚えよう

Review Quiz ① 日本語に合うように、空所に英単語を入れましょう。

1 その町に水を供給する
_____ water for the town

2 無料ソフトウェアを配布する
_____ a free software

3 私は彼の演説に感動した。
I was _____ by his speech.

4 許可を得る
_____ permission

5 真実を明らかにする
_____ a fact

6 仕事に応募する
_____ for a job

7 街をぶらつく
_____ around the city

8 本社を東京に移す
_____ our head office to Tokyo

9 ドレスにコーヒーをこぼす
_____ coffee on my dress

10 水を吸収する
_____ water

正解

1. supply	7. wander	14. exhibit
2. distribute	8. transfer	15. accuse
3. impressed	9. spill	16. encounter
4. obtain	10. absorb	17. feed
5. reveal	11. direct	18. arrest
6. apply	12. amazed	19. scare
	13. deliver	20. flooded

11 新しい計画を指揮する

_____ the new project

12 君にはびっくりだよ。

You _____ me!

13 郵便を配達する

_____ the mail

14 絵画を展示する

_____ the paintings

15 彼を殺人罪で告訴する

_____ him of murder

16 新たな問題に直面する

_____ a new problem

17 (家畜が) 草を食う

_____ on grass

18 犯人を逮捕する

_____ a criminal

19 鳥を怖がらせて追い払う

_____ birds away

20 台風で街が水浸しになった。

The typhoon _____ the city.

11. 思う・考える
予測や仮定、熟考、疑問、推測などさまざまな「考える」を一網打尽!

060	**anticipate**	予期する;予測する;期待する
☐☐	[æntísəpèit] V R L	名 anticipation 予感;予想;期待

061	**assume**	～と見なす;仮定する; (責任;態度などを) とる
☐☐	[əsú:m] V R L	名 assumption 想定;見せかけ

062	**deliberate**	熟考する;審議する
☐☐	[dilíbəreit] V R L W	① 形 意図的な;慎重な 副 deliberately わざと;慎重に

063	**doubt**	疑う;疑問に思う
☐☐	[dáut] V R L W S	① 名 疑惑 形 doubtful 疑わしい

064	**infer**	推測する;暗示する
☐☐	[infər] V R	

065	**suppose**	想定する;仮定する
☐☐	[səpóuz] V R L W S	

066	**suspect**	疑う;嫌疑をかける
☐☐	[səspékt] V R L W S	① 名 容疑者

12. 変える・替える
交替から修正・変更そして変形、新旧の交換から代理まで

067	**alternate**	交代する;交互に起こる
☐☐	[ɔ́:ltərnèit] V R	① 形 交替の　名形 alternative 選択肢; 代案/代わりの

DAY 2

anticipate client's needs
顧客のニーズを予測する

💡 予測して備えること

assume the worst
最悪の事態を想定する

💡 assume the responsibilityは「責任を負う」

deliberate on the matter
その件についてじっくり検討する

💡 deliberate on the budget bill で「予算案を審議する」

I doubt that his story is right.
彼の話が正しいかどうかは疑わしい。

💡 トランプゲームのダウトでおなじみ！ スペルに注意

infer the meaning of the word
言葉の意味を推測する

💡 guess が当てずっぽうな推理なのに対して、infer は根拠に基づいて推理する時に使う

I suppose she won't come.
彼女は来ないだろうと思う。

💡 根拠がない時によく使う

I suspect that he is the murderer.
彼が殺人犯だと思う。

💡 suspect は怪しいと思っている一方、doubt はそうであることを疑っている

alternate work and sleep
仕事と睡眠を交互に行う

💡 発音に注意！「代わりのルート」は an alternative route

068	**convert** [kənvə́ːrt] ⓋⓇⓁ	転換する；(信念や宗教などを) 転向する；両替する
069	**modify** [mádəfài] ⓋⓇⓁⓌⓈ	修正する；変更する；修飾する
070	**revise** [riváiz] ⓋⓇⓁ	見直す；改訂する；訂正する
071	**shift** [ʃíft] ⓋⓇⓁⓌⓈ	(位置；方針などを) 変える；取り換える ①图 (勤務の) 交替；移動
072	**transform** [trænsfɔ́ːrm] ⓋⓇⓁ	変形させる；変換する 图 transformation 変形；変質
073	**exchange** [ikstʃéindʒ] ⓋⓇⓁⓌⓈ	交換する；両替する
074	**replace** [ripléis] ⓋⓇⓁⓌⓈ	取り替える；元に戻す
075	**substitute** [sʌ́bstətjuːt] ⓋⓇⓁ	代理になる；代用する ①图 代わり

13. 記憶・記録する

まさに今！ 単語を覚えているところ。明日もう一回思い出そう！

| 076 | **memorize(米)/-se(英)** [méməràiz] ⓋⓇⓁⓌⓈ | (努力して) 暗記する；記憶する |

convert the attic into a bedroom
屋根裏部屋を寝室に改装する

☕ con (完全に) vert (回る) から、がらりと変えること

genetically-modified food
遺伝子組み換え食品

☕ 部分的に変えて改良すること

revise the law
法律を改正する

☕ re (再び) vise (見る) から。「改訂版」は a revised edition

shift the position
守備位置を変える

☕ パソコンのシフトキーは変換するためのキー

transform the corporate culture
社風を一変する

☕ form (形) がすっかり変わること

exchange yen for dollars
円をドルに両替する

☕ ex (外に) change (かえる) から、他との交換を表す

replace the old tire with a new one
古いタイヤを新しいものと交換する

☕ re(再び) 元あった場所に place(置く) こと

substitute margarine for butter
マーガリンをバターの代わりに使う

☕ 「代行教師」は a substitute teacher

memorize the word
単語を覚える

☕ memory (思い出・記憶) で覚えやすい

33

077	**recall** [rikɔ́ːl] V R L W S	(意図的に) 思い出す;思い起こさせる; 撤回する ①名 記憶力;(欠陥品の) 回収;リコール
078	**register** [rédʒistər] V R L W S	登録する;記録する ①名 登録簿;レジスター;書留 名 registration 登録;記録
079	**enroll** [inróul] V R L W S	入会 [入学] する;登録する 名 enrollment 入会;登録者数

14. 傷つける・奪う

痛そうな表現が連続でちょっと辛い!? 最後には命や大事なものを奪います

080	**abuse** [əbjúːz] V R L W S	虐待する;酷使する;乱用する ①名 [əbjúːs] 虐待;乱用 形 abusive 侮辱的な;傷つける
081	**slap** [slǽp] V R L W	平手打ちする;ピシャリと打つ ①名 平手打ち
082	**snap** [snǽp] V R L	ポキンと折る;パチンと鳴らす ①名 パチンと指を鳴らすこと;かみつくこと
083	**whip** [wíp] V R	むち打つ;泡立てる ①名 むち
084	**thrust** [θrʌ́st] V R	強く押す;押し付ける;突き出る ①名 強く押すこと;突撃;推進力
085	**torture** [tɔ́ːrtʃər] V R L	拷問にかける ①名 苦痛

34

DAY 2

recall her name
彼女の名前を<u>思い出す</u>

💡 re (再び) call (呼び) 戻すこと

register the birth of a baby
赤ちゃんの誕生を<u>登録する</u>

💡 スーパーのレジは金銭の収支を登録する機械

enroll in medical school
医学校に<u>入学する</u>

💡 roll (名簿) の en (中に) 記載すること

abuse the child
子供を<u>虐待する</u>

💡 品詞による発音の違いに注意!

slap his face
彼の顔を<u>平手打ちする</u>

💡 平らなもので叩いた時の音を表す擬音語から

snap a stick in two
棒を二つに<u>ポキンと折る</u>

💡 「スナップ写真」は、写真を撮る時の「パシャリ」という音から

whip the egg whites
卵白を<u>泡立てる</u>

💡 「上下に動く」が原義

thrust a knife
ナイフを<u>突き刺す</u>

💡 素早い動きで突き刺すイメージ

torture him to death
<u>拷問</u>で死に至らしめる

💡 tort (ねじる) が原義

086	**murder** [mə́ːrdər] V R L W	(計画的に人を) 殺す；殺害する ① 名 殺人 名 murderer 殺人犯
087	**choke** [tʃóuk] V R L	窒息させる；(言葉；息などが詰まる) ① 名 窒息；(管などの) 閉塞した部分
088	**starve** [stáːrv] V R L	飢える；餓死する
089	**deprive** [dipráiv] V R L W S	奪う；はく奪する
090	**rob** [ráb] V R L W S	盗む；強奪する 名 robbery 強盗事件；盗難

15. 気分をダウンさせる
死や不幸で自分が悲しむだけでなく、誰かを落ち込ませたり挫折させたりも

091	**mourn** [mɔ́ːrn] V R	(死；不幸などを) 悲しむ；喪に服する
092	**grieve** [gríːv] V R	悲嘆にくれる；深く後悔する 名 grief / grievance 嘆き／ (不当な事への) 憤り
093	**depress** [diprés] V R L	落ち込ませる；不景気にする 名 depression 落胆；うつ病；不景気
094	**frustrate** [frʌ́streit] V R L W S	いらだたせる；(計画など) を挫折させる 名 frustration 欲求不満

murder him for money
お金欲しさに彼を殺害する

☼ murder は殺意を持って人を殺すこと、kill には殺意の有無は表されていない

choke him to death
彼を窒息させて死に至らしめる

☼ 黒板用の白墨はchalk（チョーク）、全くの別単語

starve to death
餓死する

☼ I'm starving. は腹ペコな時によく使う表現

deprive him of his position
彼から地位（役職）をはく奪する

☼ deprived children は「恵まれない子供達」

rob him of his money
彼からお金を奪う

☼ a bank robber は「銀行強盗犯」

mourn the death of my friend
友人の死を悲しむ

☼ 「思い出して悲しむ」が原義

grieve for the loss of my pet
ペットの死を悲しむ

☼ gravity（重力）と同語源、気分を重くするイメージ

be depressed by his death
彼の死で落ち込む。

☼ de(下に) press(押) し下げること、心の中へ押すと impress（感動させる）

frustrate her plan
彼女の計画を挫折させる

☼ 欲求が阻止されストレスを感じている

16. 切る・分ける・刺す
単に切るのではなく、「分ける」「分裂させる」「刺す」など多彩！

| 095 | **pierce** [píərs] `V` `R` | 穴をあける；刺す |

| 096 | **divide** [diváid] `V` `R` `L` `W` `S` | 分割する；割る；分かれる |

| 097 | **split** [splít] `V` `R` `L` `W` `S` | 裂く；分裂させる；別れる |

| 098 | **carve** [káːrv] `V` `R` `L` | 彫る；切り分ける；切り開く |

17. 禁止・制限・耐える
完全な禁止から規制・抑圧、そしてそれに「耐える」ところまでまとめて！

| 099 | **ban** [bǽn] `V` `R` `L` | (法的に) 禁止する ①图 禁止令；禁止 |

| 100 | **prohibit** [prouhíbit] `V` `R` `L` `W` `S` | (規則；法律などで) 禁止する；妨げる 图 prohibition 禁止；禁止令；差し止め |

| 101 | **regulate** [régjulèit] `V` `R` `L` `W` | 規制する；規則正しくする；調整する 图 regulation 規制；調節 |

| 102 | **restrict** [ristríkt] `V` `R` `L` `W` `S` | 制限する；限定する；行動の自由を奪う 图 restriction 制限；規則 |

pierce **my ears**
耳にピアスの穴をあける

🔆 「ピアス」は和製英語、英語では earrings

divide **students into three groups**
生徒達を3つのグループに分ける

🔆 「割り算をする」ことも表す、「掛け算をする」は multiply

split **the nation in two**
国家を2つに分裂させる

🔆 split the bill は「割り勘にする」

carve **my name in the tree**
木に自分の名前を彫る

🔆 ハロウィンの pumpkin carving は秋の風物詩

ban **all nuclear tests**
あらゆる核実験を禁止する

🔆 CTBT (包括的核実験禁止条約) の正式名称は the Comprehensive Nuclear-Test-Ban Treaty

prohibit **students from drinking**
学生の飲酒を禁止する

🔆 pro(前もって)禁止事項を hibit(保持する) から

regulate **traffic**
交通を規制する

🔆 regular (定期的な；レギュラー) で覚えやすい

restrict **the access to the Internet**
インターネットの利用を制限する

🔆 re (強く) strict (きつく結ぶ) ことで制限する

103	**suppress** [səprés] Ⅴ Ⅰ	抑える；抑圧する；（成長；本の出版などを）止める
104	**tolerate** [tálərèit] Ⅴ Ⅰ Ⅼ	容認する；大目に見る；耐える 名 tolerance 寛容；忍耐；耐性
105	**endure** [indʒúər] Ⅴ Ⅰ Ⅼ	持続する；耐える 名 endurance 持続；耐久性；苦難

18. くっ付ける・関連付ける
布を縫う行為から連想や関連づけ、ファイル添付まで

106	**sew** [sóu] Ⅴ Ⅰ Ⅼ	縫う；縫い合わせる
107	**associate** [əsóuʃièit] Ⅴ Ⅰ Ⅼ Ⅽ	関連づける；連想する；結合する ①形 準～　①名 仲間
108	**link** [líŋk] Ⅴ Ⅰ Ⅼ Ⅽ Ⅾ	連結する；つなぐ；関連づける ①名 輪；つながり 名 linkage 連鎖；結合
109	**unite** [juːnáit] Ⅴ Ⅰ Ⅼ Ⅽ Ⅾ	団結させる；一体になる
110	**stick** [stík] Ⅴ Ⅰ Ⅼ Ⅽ Ⅾ	突き刺さる；くっつく ①名 棒
111	**attach** [ətǽtʃ] Ⅴ Ⅰ Ⅼ Ⅽ Ⅾ	くっつける；付着する；愛着を持たせる 名 attachment 付着；付属物；愛着

DAY 2

suppress the right of free speech 言論の自由を抑圧する	💡 sup (下に) press (押し付ける) から
tolerate diverse cultures 多様な文化を受け入れる	💡 religious tolerance とは多様な宗教を受け入れること
endure great pain ひどい痛みに耐える	💡 en (中を) dure (固める) ことで、耐久性を持つ
sew a button on my shirt シャツにボタンを縫い付ける	💡 a sewing machine は「ミシン」のこと
associate Japan with Mt. Fuji 日本と言えば富士山を連想する	💡 soci (仲間；結ぶ) から。他に society (協会) など
The two events are linked to each other. その2つに事件はお互いに結びついている。	💡「リンクをはる」とは、ウェブページを連結させること
unite all the nations すべての国を団結させる	💡 アメリカ合衆国 (the United States of America) は州 (state) が団結した国
stick to my opinion 自分の意見を貫く	💡 過去、過分 stuck。get stuck in a traffic jam は「交通渋滞にはまる」
attach my photo to the email Eメールに写真を添付する	💡 Attachment not found; (添付ファイルが見つかりません) はパソコンでよく見るエラー表示

41

Review Quiz ② 日本語に合うように、空所に英単語を入れましょう。

1 社風を一変する
_____ the corporate culture

2 自分の意見を貫く
_____ to my opinion

3 学生の飲酒を禁止する
_____ students from drinking

4 子供を虐待する
_____ the child

5 赤ちゃんの誕生を登録する
_____ the birth of a baby

6 マーガリンをバターの代わりに使う
_____ margarine for butter

7 単語を覚える
_____ the word

8 最悪の事態を想定する
_____ the worst

9 円をドルに両替する
_____ yen for dollars

10 生徒達を3つのグループに分ける
_____ students into three groups

正解
1. transform
2. stick
3. prohibit
4. abuse
5. register
6. substitute
7. memorize
8. assume
9. exchange
10. divide
11. endure
12. unite
13. attach
14. starve
15. enroll
16. rob
17. doubt
18. anticipate
19. associate
20. alternate

11 ひどい痛みに耐える
_____ great pain

12 すべての国を団結させる
_____ all the nations

13 Eメールに写真を添付する
_____ my photo to an email

14 餓死する
_____ to death

15 医学校に入学する
_____ in medical school

16 彼からお金を奪う
_____ him of his money

17 彼の話が正しいかどうかは疑わしい。
I _____ that his story is right.

18 顧客のニーズを予測する
_____ client's needs

19 日本といえば富士山を連想する
_____ Japan with Mt. Fuji

20 仕事と睡眠を交互に行う
_____ work and sleep

19-20 Outstanding! 英検 2 級余裕合格できるレベル！

17-18 Excellent! 英検 2 級合格レベル。

15-16 Very good!

13-14 Good 英検 2 級はもう一息！

10-12 Fair もっとボキャビルに気合を入れて頑張りましょう!!

Your score

/20

19. 費やす

「無駄に使う」や「投資する」など、お金や時間の使い方もさまざま！

112	**consume**	消費する；使い果たす；尽きる
☐☐	[kənsúːm] V R L W	名 consumer　消費者

113	**invest**	投資する；(お金・時間などを) 使う
☐☐	[invést] V R L W S	名 investment　投資すること

114	**purchase**	買う；購入する
☐☐	[pə́ːrtʃəs] V R L	① 名 購入品；取得

20. 消す・やめる

いろいろな「消える」から中止・引退・保留したり逃亡したり…

115	**erase**	消し去る；ぬぐい去る；消去する
☐☐	[iréis] V R L W S	名 eraser　消しゴム

116	**omit**	省く；除外する
☐☐	[oumít] V R L W S	

117	**vanish**	消滅する；見えなくなる；消す
☐☐	[vǽniʃ] V R L	

118	**wipe**	拭く；ぬぐい取る
☐☐	[wáip] V R L W S	

119	**hesitate**	ためらう；立ち止まる
☐☐	[hézətèit] V R L W S	名 hesitation　ためらい；口ごもり

DAY 3

consume **a lot of energy**
たくさんのエネルギーを消費する

💡 the consumer price indexは「消費者物価指数」

invest **in a venture company**
ベンチャー企業に投資する

💡 Education is an investment は「教育は投資である」

purchase **a new car**
新しい車を購入する

💡 発音に注意! make a purchase (購入する) 名詞用法も重要!

erase **the blackboard**
黒板の文字を消す

💡 e (外に) 向けて rase (ひっかく) から

omit **his name from a list**
彼の名前をリストから省く

💡 o (反対に) mit (送る) から

vanish **like a bubble**
泡のように消えてなくなる

💡 存在していたものが次第に薄れてなくなること

wipe **the window**
窓をふく

💡 自動車のワイパーはフロントガラスを拭くもの

hesitate **to answer his question**
彼の質問に答えるのをためらう

💡 気がかりがあったり、確信が持てなかったりして進めないこと

120	**retire** [ritáiər] V R L W S	退職する；引退する 名 retirement ①名引退；隠居
121	**withdraw** [wiðdrɔ́ː] V R L	引っ込める；退く； (預金などを) 引き出す 名 withdrawal 退出；撤回；回収
122	**cease** [síːs] V R L	やめる；終える；中止する ①名終止
123	**flee** [flíː] V R	(危険などから) 逃れる；逃亡する
124	**resign** [rizáin] V R L	辞職する；退く 名 resignation 辞任；断念；(権利などの) 放棄
125	**suspend** [səspénd] V R L W S	一時停止する；吊るす；保留する 名 suspension （一時的な）停止

21. 拒む・無視する

雇うことを拒む「解雇」や意図的や不注意による無視、逆転など

126	**dismiss** [dismís] V R L	解散させる；退ける；解雇する 名 dismissal 解散；退去
127	**ignore** [ignɔ́ːr] V R L W S	無視する；怠る 名 ignorance 無知；不案内
128	**neglect** [niglékt] V R L W	無視する；おろそかにする； 十分な世話をしない ①名無視；怠慢

46

retire **at the age of 65**
65歳で引退する

💡 リタイヤは日本語になっている

withdraw **10,000 yen from the bank**
銀行から一万円引き出す

💡「引きこもり」は social withdrawal という

cease **to exist**
存在しなくなる（消滅する）

💡 a ceasefire で「停戦」を意味する

flee **from the war**
戦争からのがれる

💡「飛ぶように逃げる」が原義。他に fly（飛ぶ）など

resign **from my post**
役職から退く

💡 sign（署名する）ことを re（否定）するから

suspend **him from school**
彼を停学にする

💡「サスペンダー」はズボンを肩から吊るしてずり落ちないようにするもの

dismiss **the worker**
労働者を解雇する

💡 The case is dismissed.（本件は却下されました）は法廷での裁判長の言葉

ignore **the law**
法律を無視する

💡 ignore は意図的に、neglect は怠慢や不注意で無視すること

neglect **his work**
仕事をおろそかにする

💡「ネグレクト」は保護者が子供の養育などを放棄すること

47

129	**refuse** [rifjú:z] V R L W S	拒む；断る；辞退する 名 refusal 拒否；辞退

130	**resist** [rizíst] V R L W S	抵抗する；(誘惑などに) 耐える 名 resistance 抵抗；レジスタンス (抵抗運動)

131	**reverse** [rivɚ́:rs] V R L	～に反対する；逆転する

22. 壊す・駄目にする
割ったりつぶしたり粉々にしたり、または甘やかした結果ダメにしたり…

132	**crack** [krǽk] V R	(音を立てて) 砕ける；ひびが入る； (食器などを) 割る ① 名 割れ目；鋭い音

133	**crush** [krʌ́ʃ] V R L W S	押しつぶす；つぶれる；粉砕する ① 名 圧搾；鎮圧；混雑

134	**ruin** [rú:in] V R L	台無しにする；廃墟と化す ① 名 荒廃；(通例複数形で) 廃墟

135	**smash** [smǽʃ] V R L	粉々にする；激突する；衝突させる ① 名 粉砕；大当たり

136	**spoil** [spɔ́il] V R L W S	台無しにする；損なう；甘やかしてだめ にする ① 名 略奪品；戦利品 形 spoiled 台無しになった；甘やかされた

137	**indulge** [indʌ́ldʒ] V R L	甘やかす；(快楽などに) ふける； 熱中する 名 indulgence 甘やかすこと；贅沢；寛大

refuse to answer
回答を拒む

💡 断固とした態度で断る。turn down と同意

resist the law
法律に抵抗する

💡 ゲーム『バイオハザード：レジスタンス』のレジスタンスはここから

reverse the direction
方向転換する

💡 おなじみ「リバーシブル (reversible)」は関連語

D
A
Y
3

crack a glass
グラスを割る (割れ目が入る)

💡 crack an egg は料理する時の「卵を割る」という意味

crush an empty can
空き缶を潰す

💡 have a crush on Justin (ジャスティンに一目惚れする) 歌や映画でよく使うフレーズ

ruin the party
パーティーを台無しにする

💡 損害を受け、価値がなくなってしまうイメージ。the ruins of a castle (城の廃虚) も重要！

smash a mirror
鏡を割って粉々にする

💡 テニスの「スマッシュ」は強い一撃のこと

spoil the child
子供を甘やかしてだめにする

💡 Too many cooks spoil the broth[soup]. 料理人が多過ぎてスープをだめにする。／船頭多くて船山に登る。★ことわざ

indulge in gambling
ギャンブルに溺れる

💡 indulge yourself in ～ (～にふける)

49

138	**burst**	破裂する；突然〜し出す
☐☐	[bə́ːrst] V R L W S	① 名 破裂；突発；破裂音

139	**collapse**	崩壊する；つぶれる；倒れる
☐☐	[kəlǽps] V R L W	① 名 つぶれること；倒壊

23. させる・義務付ける
堅苦しさだけでなくポジティブなニュアンスの「可能にする」など多彩！

140	**oblige**	強いる；義務付ける
☐☐	[əbláidʒ] V R L	名 obligation 義務；恩義

141	**enable**	可能にする
☐☐	[inéibl] V R L W	

142	**stimulate**	刺激する；激励する
☐☐	[stímjəlèit] V R L W S	名 stimulation 刺激；興奮；激励

143	**tempt**	そそのかす；誘惑する；あえて挑む
☐☐	[témpt] V R L	名 temptation 誘惑

144	**urge**	せき立てる；しきりに促す
☐☐	[ə́ːrdʒ] V R L	① 名 衝動

24. 妨げる・遅らせる
交通やイベント、授業や会議などについて話す際によく使われる

145	**delay**	遅らせる；ぐずぐずする
☐☐	[diléi] V R L W S	① 名 遅延

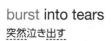
burst into tears 突然泣き出す	💡 タイヤが破裂することを「バースト する」と言う
The bridge suddenly collapsed. その橋は突然崩壊した。	💡 col (共に) lapse (落ちる) から

We are obliged to pay taxes. 我々には税金を支払う義務がある。	💡 発音に注意!
The loan enabled me to study abroad. ローンで留学が可能になった。	💡 able (可能な) 状態に en (する) こと
stimulate her interest 彼女の興味を刺激する	💡 stick (棒) でチクチク刺して刺激 するイメージ
I was tempted to eat sweets. 甘いものが食べたくなった。	💡 be tempted to do「～したくな る」は会話必須表現
urge her to stay 彼女にとどまるように強く促す	💡 have an urge to do (～したい 衝動に駆られる) も重要
delay the flight 飛行機の便を遅らせる	💡 そのまま lay (横たえて) 遅らせる こと

146		
□ □	**postpone** [poustpóun] `V` `R` `L` `W`	延期する；後回しにする

147		
□ □	**disturb** [distə́:rb] `V` `R` `L` `W` `S`	妨げる；かき乱す；迷惑をかける **名 disturbance** 妨害；騒ぎ；乱すもの

148		
□ □	**interfere** [ìntərfíər] `V` `R` `L` `W` `S`	干渉する；仲裁する；じゃまする **名 interference** 干渉；邪魔

149		
□ □	**interrupt** [ìntərʌ́pt] `V` `R` `L` `W` `S`	中断させる；分断する；じゃまする

25. 実行する・扱う
基本の treat (取り扱う) から問題解決や計画の実行、車の運転まで

150		
□ □	**treat** [tríːt] `V` `R` `L` `W` `S`	取り扱う；手当てする ① **名** お楽しみ

151		
□ □	**solve** [sálv] `V` `R` `L` `W` `S`	(問題などを) 解く；解決する；打開する

152		
□ □	**cope** [kóup] `V` `R` `L` `W` `S`	(うまく) 対処する；対抗する

153		
□ □	**operate** [ápərèit] `V` `R` `L` `W` `S`	(機械など) を運転する；操作する；運営する **名 operator** 操作係；オペレーター

154		
□ □	**utilize/-se** [júːtəlaiz] `V` `R` `L`	利用する；役立てる

postpone the meeting for a week
会議を1週間延期する

💡 put off は「(嫌なことを) 延期する」

disturb the class
授業を妨害する

💡 Don't disturb. (起こさないでください。) は、ホテルのドアノブに掛けるサインによく見られる言葉

interfere in his business decisions
彼のことに干渉する

💡 inter (間に) 入って fere (打つ) →「干渉する」

interrupt the meeting
会議の進行を妨げる

💡 inter (間に) 入って流れなどを rupt (破壊する)

DAY 3

treat a wine glass with care
注意してワイングラスを扱う

💡 ハロウィンの trick-or-treat (お菓子くれないといたずらするぞ) でおなじみ!

solve the problem
問題を解決する

💡 solve は数学の問題や事件の謎を解く時、resolve は紛争など複雑な問題や相手がいる問題の解決に使う

cope with the difficult situation
難しい状況に対処する

💡 How are you coping? (うまくやっているかい?) は、相手が困難な状況にある時によく使う口語表現

operate the machine
機械を操作する

💡 医療現場での「オペ」は手術 (operation) のこと

utilize solar energy
太陽エネルギーを利用する

💡 単に使用する (use) のでなく、「有効に使う」というニュアンスがある

155	**steer** [stíər] V R	(船・車などを)操縦する；導く

| 156 | **conduct** [kəndʌ́kt] V R L W | 導く；(業務などを)行う；指揮する
名 conductor 指揮者；案内者；伝導体 |

| 157 | **execute** [éksikjùːt] V R L W S | (計画；職務などを)実行する；執行する
；(演技；制作などを)行う
名 execution 実行；執行 |

| 158 | **undertake** [ʌndərtéik] V R L | (仕事・責任などを)引き受ける；
着手する
名 undertaker 引受人；葬儀屋 |

26. 準備する・きれいにする
靴や車を物理的に磨くだけでなく技術を磨くというのにも使える polish

| 159 | **polish** [páliʃ] V R L W S | 磨く；つやが出る；洗練する
①名 磨き粉；つや |

| 160 | **arrange** [əréindʒ] V R L W S | 手配する；整理する
名 arrangement 配列；打合せ；手配 |

| 161 | **fix** [fíks] V R L W S | 固定する；直す；整える |

| 162 | **equip** [ikwíp] V R L W | 装備する；(知識などを)身につけさせる
名 equipment 装備；準備；備品 |

54

steer the car
車を運転[操縦]する

💡 steer the ship は政治や経営などの「舵取りをする」という比喩的な意味で用いられる

conduct a nuclear test
核実験を実施する

💡 「ツアーコンダクター」でおなじみ！

execute the command
指揮命令を実行する

💡 関連語として an executive (執行役員；重役) が挙げられる

undertake a research project
研究プロジェクトに着手する

💡 undertaker of funeral が省略されて undertaker が「葬儀屋」の意味を持つようになった

D A Y 3

polish my car
車を磨く

💡 polish my English (英語を磨く)のように技術などを磨くという意味でも使う

arrange the meeting
会議を手配する

💡 「フラワーアレンジメント」は花を整えて飾ること

fix a bicycle
自転車を修理する

💡 「しっかりと固定する」が原義

a car equipped with a navigation system
カーナビを装備した車

💡 「装備して乗船する」が原義

Review Quiz ③ 日本語に合うように、空所に英単語を入れましょう。

1 会議を1週間延期する
_____ the meeting for a week

2 機械を操作する
_____ the machine

3 注意してワイングラスを扱う
_____ a wine glass with care

4 核実験を実施する
_____ a nuclear test

5 会議を手配する
_____ the meeting

6 パーティーを台無しにする
_____ the party

7 突然泣き出す
_____ into tears

8 ベンチャー企業に投資する
_____ in a venture company

9 法律を無視する
_____ the law

10 飛行機の便を遅らせる
_____ the flight

正解

1. postpone	7. burst	14. neglect
2. operate	8. invest	15. disturb
3. treat	9. ignore	16. vanish
4. conduct	10. delay	17. refuse
5. arrange	11. purchase	18. urge
6. ruin	12. consume	19. collapsed
	13. resign	20. solve

56

11 新しい車を購入する

_____ a new car

12 たくさんのエネルギーを消費する

_____ a lot of energy

13 役職から退く

_____ from my post

14 仕事をおろそかにする

_____ his work

15 授業を妨害する

_____ the class

16 泡のように消えてなくなる

_____ like a bubble

17 回答を拒む

_____ to answer

18 彼女にとどまるように強く促す

_____ her to stay

19 その橋は突然崩壊した。

The bridge suddenly_____.

20 問題を解決する

_____ the problem

19-20 Outstanding! 英検 2 級余裕合格できるレベル！

17-18 Excellent! 英検 2 級合格レベル。

15-16 Very good!

13-14 Good 英検 2 級はもう一息!

10-12 Fair もっとボキャビルに気合を入れて頑張りましょう!!

Your score

/20

27. 称賛する・惹きつける
誕生日や卒業、入学などのめでたい場面で使うポジティブワードが満載!

163

congratulate

[kəngrǽtʃulèit] Ⓥ Ⓡ Ⓛ Ⓦ

祝福する；おめでとうと言う
名 congratulation　祝いの言葉

164

celebrate

[séləbrèit] Ⓥ Ⓡ Ⓛ Ⓦ Ⓢ

(おめでたい事や日を) 祝う；
(人を) 賞賛する
名 celebration　祝賀；賞賛

165

praise

[préiz] Ⓥ Ⓡ Ⓛ Ⓦ Ⓢ

ほめる；賞賛する
❗名 ほめ言葉；賛美

166

admire

[ædmáiər] Ⓥ Ⓡ Ⓛ Ⓦ Ⓢ

感心する；賞賛する；尊敬する

167

worship

[wə́ːrʃip] Ⓥ Ⓡ Ⓛ Ⓦ Ⓢ

崇拝する；賛美する；参拝する
❗名 崇拝；礼拝

168

charm

[tʃáːrm] Ⓥ Ⓡ Ⓛ

魅了する；魔力で引きつける
❗名 魅力；お守り
形 charming　魅力的な；チャーミングな

169

fascinate

[fǽsənèit] Ⓥ Ⓡ Ⓛ Ⓦ

魅惑する；夢中にさせる
名 fascination　魅了される [する] こと

---

28. 調べる・探す
基本の seek から本格的な調査、視察、証明、測量など種類豊富!

170

seek

[síːk] Ⓥ Ⓡ Ⓛ Ⓦ Ⓢ

捜し求める；得ようとする

---

congratulate her on her graduation 彼女に卒業おめでとうと言う	💡 Congratulations! は結婚や昇進する人等に贈る言葉で、毎年の誕生日にはあまり使わない
celebrate his birthday 彼の誕生日を祝う	💡 人を祝う場合は congratulate を使う
praise him for his accomplishment 彼の功績をほめる	💡「評価する」が原義
admire him for his courage 彼の勇気を賞賛する	💡 respect (尊敬する) と似ているが、より好意を持っているイメージ
worship God 神を崇拝する	💡 尊敬する wor (価値がある)
He was charmed by her beauty. 彼は彼女の美しさに魅了された。	💡 ネックレスや時計などにつける小さな飾りを「チャーム」という
She was fascinated by the story. 彼女はその物語に夢中になった。	💡 be fascinated by ～は「～に夢中になる」。魔法にかかってうっとりするイメージ
seek a job 仕事を捜し求める	💡 活用に注意! seek-sought-sought

171	**explore** [iksplɔ́ːr]　Ⓥ Ⓡ Ⓛ Ⓦ Ⓢ	探検する；探究する；検査する 名 explorer / exploration　探検家／探査
172	**consult** [kənsʌ́lt]　Ⓥ Ⓡ Ⓛ Ⓦ Ⓢ	(専門家などに) 助言を求める；協議する 名 consultation　相談；診察；審議会
173	**inspect** [inspékt]　Ⓥ Ⓡ Ⓛ Ⓦ Ⓢ	検査する；視察する 名 inspection　調査；視察；検閲 名 inspector　調査官；警視正
174	**investigate** [invéstəgèit]　Ⓥ Ⓡ Ⓛ Ⓦ Ⓢ	(詳細に) 調査する；取り調べる； 捜査する 名捜査　investigation
175	**prove** [prúːv]　Ⓥ Ⓡ Ⓛ Ⓦ Ⓢ	証明する；事実である事を示す 名 proof　証明；証拠
176	**survey** [sərvéi]　Ⓥ Ⓡ Ⓛ Ⓦ	見渡す；調査する；測量する ❗名 調査；測量
177	**trace** [tréis]　Ⓥ Ⓡ Ⓛ	追跡する；(図面；線などを) トレースする ❗名 痕跡；線

29. 捨てる
不要なものを捨てる、制度を廃止するなど対象やニュアンスをつかもう！

178	**abandon** [əbǽndən]　Ⓥ Ⓡ Ⓛ	捨てる；放棄する
179	**abolish** [əbáliʃ]　Ⓥ Ⓡ Ⓛ Ⓦ Ⓢ	廃止する；破棄する

explore the city
街を散策する

💡 explore the third way で「第三の方法を探る」。space exploration は「宇宙探査」

consult with a lawyer
弁護士に相談する

💡「コンサルタント（顧問）」は日本語になっている

inspect the inside of the pipe
パイプの内部検査する

💡 in（中を）spect（見る）から

investigate the crime
犯罪を捜査する

💡 in（中に）入って vestige（痕跡）をたどる

prove (that) the hypothesis is correct
その仮説が正しいことを証明する

💡 prove one's identity で「身元を明らかにする」

survey the land
土地を調べる

💡 conduct a survey「調査する」は熟語で覚えよう！

trace back to the Edo period
江戸時代にさかのぼる

💡 trace a letter で「文字をなぞる」

He abandoned his family.
彼は家族を捨てた。

💡 abundant（豊富な）と混同しないように！

abolish death penalty
死刑を廃止する

💡 do away with で言い替え可能

DAY 4

| 180 | **dispose** | 処分する；配置する |
| | [dispóuz] Ⓥ Ⓡ Ⓛ | 名 disposal / disposer 処分／処理する人；生ごみ処理機 |

| 181 | **drain** | (水などを) 排水する |
| | [dréin] Ⓥ Ⓡ Ⓛ | ❗名 排水管
名 drainage 排水 |

| 182 | **dump** | 投げ捨てる；(重荷などを) 降ろす；
(人を) 見捨てる |
| | [dámp] Ⓥ Ⓡ Ⓛ | ❗名 ゴミ捨て場 |

| 183 | **surrender** | 降伏する；放棄する |
| | [səréndər] Ⓥ Ⓡ Ⓛ | ❗名 引き渡し；放棄 |

30. 育てる・進化・増加する
生き物の進化・繁殖から知識の蓄積・レベルアップまで

| 184 | **advance** | (理論・計画などを) 発展させる；(生物などが) 進化する |
| | [ədvǽns] Ⓥ Ⓡ Ⓛ Ⓦ Ⓢ | ❗名 前進；前払い |

| 185 | **evolve** | 徐々に発展させる；
(生物などが) 進化する |
| | [iválv] Ⓥ Ⓡ Ⓛ | 名 evolution 発展；進化 |

| 186 | **proceed** | (さらに) 進む；続行する |
| | [prəsíːd] Ⓥ Ⓡ Ⓛ | ❗名 売上高 |

| 187 | **breed** | 繁殖させる |
| | [bríːd] Ⓥ Ⓡ Ⓛ Ⓦ Ⓢ | ❗名 (人為的に作った) 種 |

| 188 | **cultivate** | 栽培する；耕作する；育む |
| | [káltəvèit] Ⓥ Ⓡ Ⓛ Ⓦ Ⓢ | 名 cultivation / culture 耕作；培養；教化／文化；教養；耕作 |

dispose of industrial waste
産業廃棄物を処分する

💡 dis (分離) して pose (置く) から

drain the water from the tank
タンクの排水をする

💡 drain one's energy は「〜のエネルギーを消耗する」

dump waste illegally
廃棄物を不法に投棄する

💡 I dumped him. (彼を捨てたの。) は、ドラマなどでよく使う口語表現

surrender to the enemy
敵に降伏する

💡「誘惑に負ける」は surrender to temptation

advance the new theory
新しい理論を発展させる

💡 advanced class は「上級クラス」

evolve from the same ancestor
同じ祖先から進化する

💡 e (外へ) volve (転がる) ように展開するイメージ

proceed to the next level
次のレベルに進む

💡 pro (前に) ceed (進む) こと。precede (先行する；優先する) と区別しよう

breed dogs
犬を繁殖させる

💡 職業として動物を繁殖させる人を「ブリーダー」と呼ぶ

cultivate a relationship
関係を育む

💡 cutiv (耕した) ate (状態にする) から

189			
	add		加える；足し算をする
☐ ☐	[ǽd]	Ⓥ Ⓡ Ⓛ Ⓦ Ⓢ	名 addition 追加；足し算

190			
	accumulate		蓄積する；集まる；徐々にためる
☐ ☐	[əkjúːmjulèit]	Ⓥ Ⓡ Ⓛ	名 accumulation 蓄積；蓄財

31. 確かにする

対象について確認・保証したり、相手を納得・確信させたりとさまざま！

191			
	confirm		確認する；承認する；(信念などを) 固める
☐ ☐	[kənfə́ːrm]	Ⓥ Ⓡ Ⓛ Ⓦ Ⓢ	名 confirmation 確認；承認

192			
	convince		確信させる；納得させる
☐ ☐	[kənvíns]	Ⓥ Ⓡ Ⓛ	

193			
	ensure		確実にする；保証する
☐ ☐	[inʃùər]	Ⓥ Ⓡ Ⓛ	

194			
	guarantee		保証する
☐ ☐	[gæ̀rəntíː]	Ⓥ Ⓡ Ⓛ	① 名 保証 (書)；担保

195			
	persuade		説得する；確信させる
☐ ☐	[pərswéid]	Ⓥ Ⓡ Ⓛ Ⓦ Ⓢ	形 persuasive 説得力のある 名 persuasion 説得；確信

32. 出す

物質や生き物を「出す」、情報や大声など目に見えないものを「出す」

196			
	release		解放する；発表する；(ガスなどを) 放出する
☐ ☐	[rilíːs]	Ⓥ Ⓡ Ⓛ Ⓦ	① 名 解放；封切り

add his name to the list 彼の名前をリストに加える	�💡 subtract は「引き算をする」
accumulate knowledge 知識を蓄積する	💡 少しずつ積み重なっていくイメージ
confirm the reservation 予約を確認する	💡 con (強く) firm (固い) 状態にすること
convince him of the importance of the work その作業の重要性を納得させる	💡 convince someone to~ は「~する事を納得させる」
ensure that all lights are switched off 全ての明かりが消えていることを確実にする	💡 sure (確かに) するから
guarantee the payment 支払いを保証する	💡「ギャラ (出演料などの報酬)」はこの言葉からできた和製英語
His boss **persuaded** him not to quit. 上司は彼に辞めないように説得した。	💡 理由を挙げ、人を納得させたり、人に何かをさせる
release birds from a cage かごから鳥を解放する	💡 新曲を「リリース (発売) する」はここから

197	**leak** [líːk] ⓋⓇⓁⓌⓈ	漏らす;漏れる ⚠️ 名 漏れ;(秘密などの) 漏えい
198	**discharge** [distʃάːrdʒ] ⓋⓇⓁ	放出する;(責任などから) 解放する ⚠️ 名 解放;荷下ろし;発砲
199	**exhaust** [igzɔ́ːst] ⓋⓇⓁ	使い果たす;疲れ切る;排出する 名 exhaustion 極度の疲労
200	**pronounce** [prənáuns] ⓋⓇⓁⓌⓈ	(単語などを) 発音する;公言する; 意見を述べる 名 pronunciation 発音 (スペル注意!)
201	**exclaim** [ikskléim] ⓋⓇⓁⓌ	(突然大声で) 叫ぶ 名 exclamation 絶叫;感嘆
202	**shed** [ʃéd] ⓋⓇⓁ	(血や涙などを) 流す (葉などを) 落とす; 捨てる
203	**extract** [ikstrǽkt] ⓋⓇⓁⓌⓈ	引き出す;抽出する ⚠️ 名 抽出物
204	**bleed** [blíːd] ⓋⓇⓁⓌⓈ	出血する;にじみ出る
205	**yawn** [jɔ́ːn] ⓋⓇⓁ	あくびをする ⚠️ 名 あくび

leak information to the press 記者に情報を漏らす	日本のマスコミでも情報のリークなどと使う
discharge the contract 契約を解除する	charge (課す；充満させる) の反対だから
exhaust all of my savings 貯金をほとんど使い果たす	ex (外に) haust (出) しきって空になるイメージ。I'm exhausted.「ヘトヘトだよ」はよく使う口語表現
pronounce a word clearly 単語をはっきりと発音する	-nounce (伝える) から。関連語に announce (公表する) がある
exclaim in horror 恐ろしさのあまり叫ぶ	興奮して突然叫んだり、強い語気で何かを言うこと
shed its leaves 葉を落とす (落葉する)	shed light on ~(~に光を投じる、~を解明する) は熟語で覚えよう！
extract oil from the plants 植物から油を抽出する	ex (外へ) tract (引く) から
bleed from the wound 傷口から出血する	nose bleeding は「鼻血」
He is trying not to yawn. 彼はあくびをしないように頑張っている。	発音に注意！ yearn (憧れる) と間違えやすい

DAY
4

33. 達成する・打ち勝つ
困難、敵、目標、使命、夢…さまざまな " 達成 " をまとめて一網打尽！

206	**overcome** [ouvərkÁm] Ⓥ Ⓡ Ⓛ Ⓦ Ⓢ	打ち勝つ；克服する
207	**defeat** [difíːt] Ⓥ Ⓡ Ⓛ Ⓦ Ⓢ	(敵を) 打ち負かす；敗れる； (計画などを) 覆す ❗ 名 負け；敗北
208	**attain** [ətéin] Ⓥ Ⓡ Ⓛ	(希望；目的などに) 到達する；達成する
209	**accomplish** [əkámpliʃ] Ⓥ Ⓡ Ⓛ Ⓦ	(ある特定の目的・計画などを) 成し遂げる 名 accomplishment 完成；成就
210	**conquer** [káŋkər] Ⓥ Ⓡ Ⓛ	征服する；獲得する；打ち勝つ 名 conquest 征服；獲得；占領地
211	**fulfill** [fulfíl] Ⓥ Ⓡ Ⓛ Ⓦ	(希望などを) 満たす；(目標などを) 実現する；(義務；約束などを) 果たす 名 fulfillment 満足感；達成

34. だます・困らせる
どんなふうに相手を " 困らせる " のか、ニュアンスとともに一網打尽！

| 212 | **cheat**
[tʃíːt] Ⓥ Ⓡ Ⓛ Ⓦ Ⓢ | いかさまをする；だます
❗ 名 詐欺師 |
| 213 | **confuse**
[kənfjúːz] Ⓥ Ⓡ Ⓛ Ⓦ Ⓢ | 混乱させる；混同する
形 confusing 困惑させる；わかりにくい |

overcome difficulties
困難に打ち勝つ

💡 over（越えて）come（来る）から

defeat the enemy
敵を打ち負かす

💡 defeat は相手を打ち負かすこと、win は試合や競争に勝つこと

attain my goal
目標を達成する

💡 努力して成し遂げること。手を伸ばして届いたイメージ

accomplish my mission
使命を果たす

💡 すっかり complish（満たす）から

conquer the country
その国を征服する

💡 con（完全に）quer（求める）から

fulfill my dream
夢を実現する

💡 ful（いっぱいに）fill（満たす）こと

cheat on the exam
試験でカンニングをする

💡 ダイエット中に制限を緩めて好きに食べる日を cheat day(チートデイ) という

confuse him with his brother
彼と弟を混同する

💡 con（共に）fuse（注ぐ）ので混ざり合う事

214	**embarrass** [imbǽrəs] ⓥⓡⓛⓦⓢ	恥ずかしい思いをさせる；当惑させる 形 embarrassing 恥ずかしい
215	**betray** [bitréi] ⓥⓡⓛ	裏切る；(秘密などを) 漏らす 名 betrayal 裏切り；密告
216	**deceive** [disíːv] ⓥⓡⓛ	あざむく；惑わす；陥れる 名 deception だますこと
217	**tease** [tíːz] ⓥⓡⓛⓦ	からかう；いじめる；細かく裂く
218	**annoy** [ənɔ́i] ⓥⓡⓛⓦⓢ	いらいらさせる；悩ませる 形 annoying わずらわしい
219	**distress** [distrés] ⓥⓡⓛ	苦しませる；悩ませる ❗名 苦しみ；悩み；困難
220	**insult** [insʌ́lt] ⓥⓡⓛ	侮辱する ❗名 侮辱 形 insulting 侮辱的な
221	**offend** [əfénd] ⓥⓡⓛ	怒らせる；感情を害する； (法律・礼儀などに) そむく 形 offensive 不快な；無礼な 名 offense/-ce 違反；攻撃；無礼

embarrass her with private questions 個人的な質問をして彼女を<u>当惑させる</u>	barass (障害物) を置くイメージ、be embarrassed で「恥ずかしい」
betray one's friend 友達を<u>裏切る</u>	tray (盆) に乗せて敵に差し出すイメージ
deceive him into buying a fake product 彼を<u>だまして</u>にせの商品を買わせる	de (分離) + ceive (取る) →あざむく
tease her about her hair 髪の毛のことで彼女を<u>からかう</u>	ティーザー (teaser) 広告とは、情報を小出しにして興味を喚起する広告のこと
annoy the neighbors 近所の人を<u>困らせる</u>	不快なことを繰り返し、人をいらだたせること
I am **distressed** by the news. 私はその知らせに<u>心を痛めている</u>。	be distressed at[about/by] で「～に心を痛める」
insult my friends 私の友人を<u>侮辱する</u>	You are insulting me. (私を馬鹿にしているね) は相手の態度、言動に対する強い憤りを表す
offend the law 法を<u>犯す</u>	fend (打って) 傷つけることが原義

DAY
4

71

Review Quiz ④ 日本語に合うように、空所に英単語を入れましょう。

1 敵に降伏する
_____ to the enemy

2 彼の誕生日を祝う
_____ his birthday

3 犯罪を捜査する
_____ the crime

4 予約を確認する
_____ the reservation

5 使命を果たす
_____ my mission

6 単語をはっきりと発音する
_____ a word clearly

7 その国を征服する
_____ the country

8 仕事を捜し求める
_____ a job

9 近所の人を困らせる
_____ the neighbors

10 法を犯す
_____ the law

正解

1. surrender	7. conquer	14. fascinated
2. celebrate	8. seek	15. trace
3. investigate	9. annoy	16. abandoned
4. confirm	10. offend	17. guarantee
5. accomplish	11. bleed	18. release
6. pronounce	12. advance	19. persuaded
	13. admire	20. exhaust

11	傷口から出血する
	_____ from the wound

12	新しい理論を発展させる
	_____ the new theory

13	彼の勇気を称賛する
	_____ him for his courage

14	彼女はその物語に夢中になった。
	She was _____ by the story.

15	江戸時代にさかのぼる
	_____ back to the Edo period

16	彼は家族を捨てた。
	He _____ his family.

17	支払いを保証する
	_____ the payment

18	かごから鳥を解放する
	_____ birds from a cage

19	上司は彼に辞めないように説得した。
	His boss _____ him not to quit.

20	貯金をほとんど使い果たす
	_____ all of my savings

19-20 Outstanding! 英検 2 級余裕合格できるレベル！

17-18 Excellent! 英検 2 級合格レベル。

15-16 Very good!

13-14 Good 英検 2 級はもう一息!

10-12 Fair もっとボキャビルに気合を入れて頑張りましょう!!

Your score

/20

35. 小さくする・弱める

物理的に減らす、色あせる、縮める、しり込みするなど多彩！

222 □□
reduce [ridjúːs] VRLWS
減らす；縮小する；低下する
名 reduction 減少

223 □□
decline [dikláin] VRLW
低下する；辞退する
! 名 低下；衰退

224 □□
diminish [dimíniʃ] VRL
小さくする；減らす；衰える

225 □□
fade [féid] VRLW
薄れる；色あせる；弱まる

226 □□
shorten [ʃɔ́ːrtn] VRLW
短くする；縮める；減少する
形 short 短い

227 □□
shrink [ʃríŋk] VRLW
縮む；しり込みする；減る
! 名 収縮

228 □□
weaken [wíːkən] VRLW
弱める；衰弱させる
形 weak 弱い

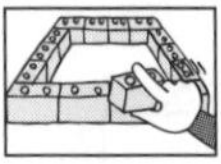

36. つくる

組み立て、まとめて「作る」も機械で「製造する」も「発生させる」も！

229 □□
organize/-se [ɔ́ːrgənàiz] VRLWS
組織する；まとめる；
(催しなどを) 計画する
名 organization 組織；団体

reduce CO₂ emissions
二酸化炭素排出量を減らす

💡 re (元に) duce (導く) から

decline his offer
彼の申し出を断る

💡 cline (曲げる) から。他に incline (心が傾く) など

diminish the risk
リスクを減らす

💡 minish (小さくする) ことを di (強調) している

fade away in time
時とともに薄れる

💡 「フェードアウト」とは、曲などの終わりで音が徐々に小さくなり、聞こえなくなること

shorten the story
話を短くする

💡 short (短い) 状態に en (する)

shrink in the wash
洗濯で縮む

💡 shrimp (エビ) は背が曲がっていることから、同語源だとする説あり

weaken the economy
経済を弱体化させる

💡 weak (弱い) 状態に en (する)

organize an event
イベントを主催する

💡 インターネットのドメイン名につく. org は organization のこと

DAY 5

230	**assemble** [əsémbl] V R L	組み立てる；集める；招集される **名 assembly** 集会；組み立て

231	**establish** [istǽbliʃ] V R L W S	確立する；設立する；築く **名 establishment** 設立；体制；官庁

232	**found** [fáund] V R L	(しっかりとした基礎の上に) 建てる；創立する **名 foundation** 土台；基礎

233	**generate** [dʒénərèit] V R L W S	(自然に) 発生させる；(電気などを) 起こす；(状況などを) 生み出す **名 generation / generator** 世代；生成／発生器；ジェネレーター

234	**construct** [kənstrʌ́kt] V R L W S	建設する；(文章；理論などを) 構築する **名 construction** 建築工事；建築物；構造

235	**manufacture** [mæ̀njufǽktʃər] V R L W	(機械で) 製造する；(話などを) でっちあげる ① **名** 生産；製品 **名 manufacturer** 製造業者；メーカー

37. 提案・要求する

「提案」「推薦」「暗示」などニュアンス違いを見てみよう！

236	**propose** [prəpóuz] V R L W S	提案する；(結婚を) 申し込む **名 proposal** 提案；求婚

237	**recommend** [rèkəménd] V R L W S	勧める；推薦する **名 recommendation** 推薦状；推薦の品

238	**imply** [implái] V R L	ほのめかす；暗示する

assemble a model plane 模型飛行機を組み立てる	💡 an assembly line は「(組み立ての) 流れ作業」
establish a new company 新しい会社を設立する	💡 establish a new system は「新しいシステムを確立する」
found a hospital 病院を設立する	💡 活用の混同に注意！ found-founded-founded (創立する)、find-found-found (発見する)
generate profits 利益を生み出す	💡 generation は「世代」でよく知られているが「発生；発電」の意味もあるので覚えよう！
construct a building 建物を建設する	💡 construct a healthy relationship (健全な関係を築く) のように構築するのは物だけではない
manufacture electric cars 電気自動車を生産する	💡 大規模に生産すること

propose a plan 計画を提案する	💡「プロポーズ」は a proposal (of marriage)
recommend a good book to him 彼に良い本を薦める	💡 What do you recommend?(おすすめは何ですか?) は海外旅行で使う定番フレーズ
imply the answer 答えをほのめかす	💡 Silence implies consent. は「沈黙は承諾のしるし」

239	**demand** [diménd] ⓥⓇⓁⓌⓈ	要求する；請求する；要する ①**名**要求；需要 **反** supply 供給する

240	**request** [rikwést] ⓥⓇⓁⓌⓈ	頼む；求める；要請する ①**名**願い；要求

241	**require** [rikwáiər] ⓥⓇⓁⓌ	必要とする；要求する **名** requirement 必要条件；要求すること

38. 出てくる・始める
物理的に「出現する」から事件や問題が「起こる」までしっかりチェック！

242	**appear** [əpíər] ⓥⓇⓁⓌⓈ	現れる；〜のように見える **名** appearance 出現；外見；状況 **反** disappear 姿を消す

243	**emerge** [imə́:rdʒ] ⓥⓇⓁⓌ	(問題などが) 現れる；明らかにする **名** emergence 出現；脱出

244	**occur** [əkə́:r] ⓥⓇⓁⓌⓈ	(事件などが) 起こる；(考えなどが) 心に浮かぶ **名** occurrence 出来事；発生

245	**arise** [əráiz] ⓥⓇⓁⓌ	起こる；生じる；現れる

246	**resume** [rizú:m] ⓥⓇⓁ	再開する；要約する ①**名**要約；レジュメ [rézəmèi]

247	**launch** [lɔ́:ntʃ] ⓥⓇⓁⓌ	(ロケットなどを) 打ち上げる；(事業などを) 始める；(船を) 進水する ①**名**発射；発進

demand a lot of money
高額のお金を請求する

💡 supply (供給) と demand (需要) はセットで覚えよう

request permission
許可を求める

💡 丁寧に要求する

require immediate payment
即金での支払いを要する

💡 (規則など) 当然のこととして要求する

appear on the stage
ステージに現れる

💡 seem (～のように見える) は主観的、appear は客観的事実について述べる

emerge from the water
水の中から現れる

💡 突如出現する事態が emergency (緊急事態)

The accident occurred yesterday.
その事故は昨日起こった。

💡 It just occurred to me. は「(考えが) ふと私の心に浮かんだ」

New problems arise every day.
毎日新たな問題が生じる。

💡 活用に注意! arise-arose-arisen

resume work as before
以前通りの仕事を始める

💡 品詞による発音とアクセントの違いに注意!

launch a missile
ミサイルを打ち上げる

💡 発音に注意。launch a campaign (キャンペーンを開始する) も重要

DAY 5

39. 留まる・居住する
live 以外の「住む」「留まる」系の動詞 4 パターン！

248	**inhabit** [inhǽbit] V R	住んでいる；(心などに) 宿る 名 inhabitant 居住者；生息動物
249	**reside** [rizáid] V R	(長い期間) 居住する；置いてある 名 resident / residence 居住者／住居； 邸宅 形 residential 住宅の；居住の
250	**settle** [sétl] V R L	落ち着かせる；決着をつける； 定住 [移住] する 名 settlement 定住；定職；植民地
251	**dwell** [dwél] V R	暮らす；(同じ状態に) 留まる；思案する ① 名 (機械の) 規則的な休止

40. 努力する・捧げる
奮闘し、時には自己犠牲を払い「捧げる」のニュアンスをチェック！

252	**obey** [oubéi] V R L W S	従う；服従する 名 obedience 従順；服従；順守
253	**focus** [fóukəs] V R L W S	焦点を合わせる；集中する ① 名 焦点；中心
254	**combat** [kəmbǽt] V R L	(敵；悪；病気などと) 戦う ① 名 戦闘；論争
255	**struggle** [strʌ́gl] V R L W S	奮闘する；努力する ① 名 苦闘

some rare species inhabit the woods
希少種がその森には生息する

💡 人や動物の集団がある場所に住んでいる時に使う堅い表現

reside in Paris
パリに居住する

💡 ゆったりと re (後ろに) side (座っている) イメージ

settle the problem
問題を解決する

💡 The refugees settled in the UK. は「難民たちは英国に移住した」

dwell in the forest
森のなかに住む

💡 dwell on the past (過去についてくよくよ考える)

DAY 5

obey the law
法律に従う

💡 ey は耳 (ear) に関する言葉。よく耳を傾けること、obey a call of nature は「お手洗いに行く」

Let's focus on the problem.
その問題に集中することにしよう。

💡 日本語でも「フォーカスする」という言い方は一般的

combat the crime
犯罪と闘う

💡 a combat zone は「戦闘地」以外に「歓楽街」の意味もある

struggle for freedom
自由を得るために闘う

💡 a power struggle は「権力闘争」

81

256	**dedicate** [dédikèit] Ⓥ Ⓡ Ⓛ	(時間などを)捧げる；奉納される 名 dedication 献身；専念；奉納
257	**devote** [divóut] Ⓥ Ⓡ	(時間；金銭などを)費やす；(愛情などに)身をゆだねる 名 devotion 忠誠；傾倒；信仰
258	**sacrifice** [sǽkrəfàis] Ⓥ Ⓡ Ⓛ Ⓦ Ⓢ	犠牲にする；犠牲になる ❗名 犠牲
259	**contribute** [kəntríbjuːt] Ⓥ Ⓡ Ⓛ Ⓦ Ⓢ	貢献する；寄付する；進言する 名 contribution 寄付；貢献；提案
260	**strive** [stráiv] Ⓥ Ⓡ Ⓛ	(懸命に)努力する；奮起する；骨折る 名 strife 紛争；口論
261	**tackle** [tǽkl] Ⓥ Ⓡ Ⓛ Ⓦ Ⓢ	(仕事・問題など)に取り組む；タックルする ❗名 器具；タックル

41. 入る・関わる・影響する

抽象的な「影響する」関連語に加えて物理的に「貫通する」などの意味がある語

262	**influence** [ínfluəns] Ⓥ Ⓡ Ⓛ Ⓦ Ⓢ	(間接的に)影響を及ぼす ❗名 影響；効力 形 influential 影響のある；有力な
263	**affect** [əfékt] Ⓥ Ⓡ Ⓛ Ⓦ	影響を及ぼす；作用する；心を動かす ❗名 感情 名 affection 愛情；好意 形 affectionate 愛情のある；やさしい
264	**engage** [ingéidʒ] Ⓥ Ⓡ Ⓛ Ⓦ Ⓢ	(活動；仕事などに)従事する；参加する 名 engagement 婚約；関与

dedicate my life to medicine 医学に人生を捧げる	💡 dedicate oneself to ～（～に専心する）も重要！
devote my time to work 仕事にすべての時間を注ぐ	💡 心から vote（誓う）こと
sacrifice my life for my country 国のために命を犠牲にする	💡 at the sacrifice of ～は「～を犠牲にして」
contribute to world peace 世界平和に貢献する	💡 contribute to ～ ing（～することに貢献する）、動名詞になることに注意！
strive for a goal ゴールを目指して奮闘する	💡 civil strife で「内乱」
tackle the problem 問題に取り組む	💡 ラグビーやアメフトなどの「タックル」でおなじみ！ tackle with としないように注意！

He is easily **influenced** by his friends. 彼は友達の影響を受けやすい。	💡 in（中に）flu（流れる）から
Smoking negatively **affects** our health. 煙草は私たちの健康に悪い影響を及ぼす。	💡 have an effect on ～（～に影響を及ぼす）とのいいかえも重要
He is **engaged** in politics. 彼は政治に携わっている。	💡 an engagement ring は「婚約指輪」のこと

83

265	**insert** [insə́:rt] `V R L W S`	差し込む；(文など) を挿入する ❶ 名 挿入された物
266	**invade** [invéid] `V R L W S`	侵略する；侵害する 名 invasion 侵入；進出
267	**participate** [pɑːrtísəpèit] `V R L W`	参加する；関与する 名 participation 参加；加入；関与 名 形 participant 参加者／関与する
268	**penetrate** [pénətrèit] `V R L`	貫通する；浸透する；入り込む 名 penetration 貫通；突破
269	**violate** [váiəlèit] `V R L W S`	(法律など) 破る；違反する；侵害する 名 violation 違反；侵害
270	**reflect** [riflékt] `V R L W S`	反映する；反射する；反省する 名 reflection 反射；反映

42. 判断する・選ぶ
何かを選んだり測ったり計算することを根拠に「判断する」

271	**select** [silékt] `V R L W S`	(多数の中から慎重に) 選び出す 名 selection 選択；抜粋；選集 形 selective 選り好みする；選択の
272	**elect** [ilékt] `V R L W S`	(選挙で) 選ぶ；決定する 名 election 選挙
273	**determine** [ditə́:rmin] `V R L`	(はっきりと) 決定する；決心する 形 determinate 決定的な；限定された

84

insert a coin into a vending machine 自動販売機にコインを挿入する	💡 in (中に) sert (加える) から
invade her privacy 彼女のプライバシーを侵害する	💡 1978 年発売のタイトー社の『スペースインベーダー』は、侵略してきた宇宙人を迎撃するゲーム
participate in the discussion 議論に参加する	💡 participate in ～は take part in ～で言い換え可能
penetrate the wall 壁を貫通する	💡 「普及率」は the penetration rate
violate the law 法を破る	💡 意図的でもそうでない場合でも用いる。「人権侵害」は violation of human rights
reflect on my life 自分の人生を振り返ってよく考える	💡 reflect public opinion (世論を反映する) も重要!

select the best player among them 彼らの中から最優秀選手を選出する	💡 select は choose と違い、多くの中から選ぶので、二者択一には使えない。have a wide selection of ～ で、お店などでの「品揃えが良い」という意味
elect him mayor 彼を市長に選出する	💡 the presidential election of 2020 で「大統領選挙」
He was **determined** to become a doctor. 彼は医者になる決心をしていた。	💡 decide to become a doctor は選択肢の中から選び決めた事で determined のような固い決意は含まない

274	**resolve** [rizálv] V R L	分解する；解決する；決心する ① 名 決意；決断；決議
275	**specialize** [spéʃəlàiz] V R L W S	専門にする；専攻する
276	**measure** [méʒər] V R L W S	測定する；評価する；吟味する ① 名 寸法 名 measurement　測定すること
277	**estimate** [éstəmèit] V R L W S	見積もる；推定する ① 名 見積もり；評価
278	**calculate** [kǽlkjulèit] V R L W S	計算する；結果を予測する；判断する 名 calculation　計算；目算；打算

resolve the problem
問題を解決する

💡「国連決議」は the UN resolution

specialize in economics
経済学を専門にする

💡 special (特別) ize (〜化する) で覚えやすい

measure the length of the table
テーブルの長さを測定する

💡 巻き尺のメジャーでお馴染み

estimate the cost at 20,000 yen
費用を2万円と見積もる

💡 overestimate [underestimate]（過大 [過小] 評価）

calculate the cost
費用を計算する

💡 a calculator は「計算機」

Review Quiz ⑤   日本語に合うように、空所に英単語を入れましょう。

1 時とともに薄れる
_____ away in time

2 洗濯で縮む
_____ in the wash

3 イベントを主催する
_____ an event

4 ミサイルを打ち上げる
_____ a missile

5 問題を解決する
_____ the problem

6 自由を得るために闘う
_____ for freedom

7 世界平和に貢献する
_____ to world peace

8 自動販売機にコインを挿入する
_____ a coin into a vending machine

9 彼らの中から最優秀選手を選び出す
_____ the best player among them

10 議論に参加する
_____ in the discussion

正解

1. fade
2. shrink
3. organize
4. launch
5. settle / resolve
6. struggle
7. contribute
8. insert
9. select
10. participate
11. estimate
12. establish
13. obey
14. require
15. request
16. recommend
17. imply
18. construct
19. focus
20. influenced

88

11 費用を2万円と見積もる

_____ the cost at 20,000 yen

12 新しい会社を設立する

_____ a new company

13 法律に従う

_____ the law

14 即金での支払いを要する

_____ immediate payment

15 許可を求める

_____ permission

16 彼に良い本を薦める

_____ a good book to him

17 答えをほのめかす

_____ the answer

18 建物を建設する

_____ a building

19 その問題に集中することにしよう。

Let's _____ on the problem.

20 彼は友達の影響を受けやすい。

He is easily _____ by his friends.

19-20 Outstanding! 英検 2 級余裕合格できるレベル！	Your score
17-18 Excellent! 英検 2 級合格レベル。	
15-16 Very good!	
13-14 Good 英検 2 級はもう一息！	**/20**
10-12 Fair もっとボキャビルに気合を入れて頑張りましょう!!	

43. 非難する

非難の度合いや誰に対してするのか、や、どこ目線でするのかなどをチェック

279	**blame** [bléim] V R L W S	責める；〜のせいにする ①名 (失敗などの) 責任
280	**convict** [kənvíkt] V R	有罪判決を下す ①名 罪人 名 conviction 確信；有罪判決
281	**criticize/-se** [krítəsàiz] V R L W S	批判する；あら探しをする 名 critic 批評家；評論家
282	**scold** [skóuld] V R L W S	しかる；説教する
283	**scorn** [skɔ́ːrn] V R	さげすむ；軽蔑する；あざ笑う ①名 軽蔑；冷笑

44. 広げる・超える

身体のストレッチから領土の拡大、放送で広げるなどニュアンスいろいろ

284	**stretch** [strétʃ] V R L W S	伸ばす；広がる；ぴんと張る ①名 伸ばすこと；誇張
285	**prolong** [prəlɔ́ːŋ] V R L	(期間などを) 延長する；長くする
286	**expand** [ikspǽnd] V R L W S	(大きさ；数量を) 広げる；膨張させる；伸ばす 名 expansion 増大

I am to blame for the accident.
その事故は私のせいだ。

💡 accuse (責める) よりも意味が弱く、非難の意味合いが薄い

convict him of murder
彼に殺人罪の有罪判決を下す

💡 アクセントに注意！

criticize him for his mistakes
間違いをしたことで彼を批判する

💡「判断する」が語源

scold him for his laziness
彼を怠けていると叱る

💡 特に子供に対してがみがみ言うことを指す

scorn the use of make-up
化粧はバカな事だとさげすむ

💡 馬鹿にしたような話し方をすること

stretch my legs
足を伸ばす

💡「ストレッチ」でおなじみ！

prolong my life
寿命を延ばす

💡 pro (前に) + long (長く) →延長する

expand the territory
領土を拡大する

💡 内から外へ四方八方に広げていくイメージ

287	**broadcast** [bró:dkæst] VRLWS	(テレビ番組などを) 放送する；出演する；まき散らす ①名 放送
288	**exceed** [iksí:d] VRL	超える；上回る
289	**prevail** [privéil] VR	広く普及している；圧倒する；説得する
290	**enlarge** [inlá:rdʒ] VR	拡大する；大きくする 名 enlargement 拡大；増築；引き伸ばし

45. 含む・所有する
何かを「所有する」だけでなく「占領」や「巻き込み」なども

291	**possess** [pəzés] VRL	所有する；(感情；考えなどが) 支配する 名 possession 所有物；富；所持
292	**occupy** [ákjupài] VRLWS	(場所・地位などを) 占める；占領する 名 occupation 占領；業務；職業
293	**contain** [kəntéin] VRLW	含む；収容できる；封じ込める 名 container 容器；コンテナ 名 content 中身；内容
294	**involve** [inválv] VRL	(事件；議論などに) 巻き込む；伴う；熱中する

broadcast the news
ニュースを放送する

💡 broad (広い) 範囲に cast (投げ) かける

exceed the speed limit
制限速度を超える

💡 ex (超えて) ceed (行く) から

The idea still prevails among them.
その考えは今でも彼らの間で広まっている。

💡 We shall prevail. (我々は勝つ。) 選挙キャンペーンのプラカードでよく見る表現

enlarge a picture
写真を拡大する

💡 さらに large (大きく) すること

possess a license
免許を保有する

💡 物だけでなく能力などを持つことも表す

occupy the space
スペースを占拠する

💡 トイレに occupied と表示があれば「使用中」、「空き」は vacant

contain my anger
怒りを抑える

💡 状態や内容物を tain (保つ) から。ほかに maintain (維持する) や retain (記憶する) など

The job involves a great risk.
その仕事は大きな危険を伴う。

💡 in (中に) volve (回転する) から

46. 守る・支える
誰かを手助けして守る、状態を維持して守る、弁護する

| 295 | **assist** [əsíst] VRLW | 手伝う；助ける；促進する 图 assistant　助手；アシスタント |

| 296 | **sustain** [səstéin] VRL | 維持する；持ちこたえる 形 sustainable　持続可能な |

| 297 | **defend** [difénd] VRL | 守る；弁護する 图 defense/-ce　防御；守り |

| 298 | **preserve** [prizə́:rv] VRLWS | 保護する；保存する；維持する ①图 (果物などの) 砂糖煮 图 preservation　維持すること；貯蔵 |

47. まわる・ひねる
握ってしぼる、何かをひねる、循環・回転するなどの動きを表す

| 299 | **squeeze** [skwíːz] VRL | しぼる；締め付ける；圧搾する |

| 300 | **twist** [twíst] VRLWS | ねじ曲げる；巻く；ひねる |

| 301 | **weave** [wíːv] VR | 織る；組み入れる；縫うように進む |

| 302 | **rotate** [róuteit] VRL | 回転させる；循環する；交代させる 图 rotation　回転；循環 |

assist a patient in getting
into bed
患者がベッドに上るのを<u>手伝う</u>

💡 サッカーやアイスホッケーのアシストでおなじみ

sustain the environment
自然環境を<u>維持する</u>

💡 国連のSustainable Development Goals (SDGs = 持続可能な開発目標) はこれからの必須用語

defend our country
自分たちの国を<u>守る</u>

💡 the Self-Defense Forces は「自衛隊」

preserve nature
自然を<u>守る</u>

💡 「プリザーブドフラワー」は特殊な技法で生花の風合いを長期保存できる花

squeeze a lemon
レモンを<u>しぼる</u>

💡 小学生に大人気のスクイーズは、ぎゅっと握って感触を楽しむおもちゃ

twist my ankle
足首を<u>ひねる</u>

💡 ダンスの「ツイスト」でおなじみ

weave a carpet
カーペットを<u>織る</u>

💡 活用は weave-wove-woven だが、「ジグザグに進む」という意味だと weave-weaved-weaved

The earth rotates 365 times
a year.
地球は一年に365回<u>自転する</u>。

💡 「ローテーションを組む」などでおなじみ

303	**circulate** [sə́ːrkjulèit] V R L W	(空気などが) 循環する；流通する 名 circulation 循環；流通
304	**revolve** [riválv] V R L	回転する；展開する (天体が) 公転する 名 revolution 回転；公転；革命

48. 見せる・隠す
「表す」系で2単語、「隠す」系で3語、それぞれニュアンスをチェック!

305	**represent** [rèprizént] V R L	表す；示す；代表する 名 representative 代表者
306	**indicate** [índikèit] V R L	指し示す；表す 名 indication / indicator 暗示；指摘／指標；標識
307	**hide** [háid] V R L W S	隠す；隠れる
308	**bury** [béri] V R L	埋める；葬り去る；(顔などを) うずめる
309	**conceal** [kənsíːl] V R	(注意深く) 隠しておく；秘密にする

49. 見る・みなす
全体を「見る」のか、集中的にじっと「見る」のか、または評価を「みなす」のか

310	**overlook** [òuvərlúk] V R L	見渡せる；監視する；見逃す

Blood circulates through the body.
血液は体内を循環する。

💡 blood circulation で「血液の循環」

The earth revolves around the sun.
地球は太陽の周りを回っている。

💡《天文学》revolution は「公転」、rotation は「自転」

represent the class of 2020
2020年度卒業生を代表する

💡 re (再度) present (示す；述べる；提出する)

indicate air temperature
大気の温度を示す

💡アクセントに注意!

hide the letter under the bed
ベッドの下に手紙を隠す

💡 かくれんぼのことを hide-and-seek という

bury gold coins in the ground
地面に金貨を埋める

💡 発音に注意!

conceal the weapon
武器を隠す

💡「コンシーラー」は肌の隠したいところに塗る化粧品

overlook the sea
海が見渡せる

💡 ざっと見るイメージ、overlook a mistake (誤りを見落とす) といった意味もあるので注意!

311	**gaze** [géiz] ⓥⓇⓁ	凝視する ①名 凝視；注視
312	**peer** [píər] ⓥⓇ	(目を凝らして)じっと見る ①名 仲間；(対等の)同僚
313	**regard** [rigáːrd] ⓥⓇⓁⓌⓈ	みなす；評価する；尊重する ①名 敬意；配慮；注意

50. 元に戻す・元を辿る
損失補償や回復など「元に戻す」系やその「元」をたどる語まで

314	**compensate** [kámpənsèit] ⓥⓇⓁ	埋め合わせる；(損失などを)補償する
315	**restore** [ristɔ́ːr] ⓥⓇⓁ	修復する；回復する 名 restoration (制度などの)復活；修復
316	**revive** [riváiv] ⓥⓇ	生き返らせる；復活する；復興させる 名 revival よみがえらせること；復活；再生
317	**undo** [ʌndú] ⓥⓇ	(一度したことを)元に戻す；無効にする
318	**originate** [ərídʒənèit] ⓥⓇⓁⓌⓈ	引き起こす；由来する 名 origin 起源；由来；原点 形名 original 元の；独自の／原型；オリジナル
319	**cure** [kjúər] ⓥⓇⓁⓌⓈ	治療する；(悪癖などを)直す ①名 治療；解決策

I often gaze at the stars.
私はよく星を見つめる。

💡 興味や驚きの感情でじっと見つめること

He peered inside the box.
彼は箱の中をじっと見つめた。

💡 よく見えないのでじっと見ること。peer pressure は「仲間からのプレッシャー」

regard the situation as serious
事態を重要視する（深刻とみなす）

💡 in this regard（この点について）や Best regards（敬具）も重要！

compensate for the loss
損失を補償する

💡 compensate for 〜は make up for 〜で言い換え可能

restore the old house
古い家を修復する

💡 re（再び元の）状態を store（保管する）から

revive the economy
経済を復興させる

💡 re（再び）vive（生き）返ること

undo the damage
損傷を元の状態に戻す

💡 un（反対の）do（行為をする）→「元に戻す」

originate from the same gene
同じ遺伝子から生じる

💡 発生源がはっきりしている「オリジナル」「オリジナリティ」などでおなじみ

cure a disease
病気を治す

💡 内側から生じた病を治すこと、「傷の治療」は heal

320	**heal** [hí:l] V R L W S	(ケガや心の傷など) を治す；癒す；癒える
321	**derive** [diráiv] V R L	由来する；(利益など) を引き出す
322	**stem** [stém] V R L	起因する；発生する ① 名 茎；幹；軸

51. 雇う・採る
「雇う」という意味に加えて「養子にする」や「賃借りする」などの意味も！

323	**adopt** [ədápt] V R L W S	(理論などを) 採用する；養子にする
324	**hire** [háiər] V R L W S	雇う；賃借りする ① 名 賃金；雇用
325	**recruit** [rikrú:t] V R L	(人を) 新しく入れる；補充する ① 名 新入社員；新人
326	**employ** [implɔ́i] V R L W S	雇用する；採用する；従事する 名 employee 従業員 名 employer 雇い主

52. 喜ばせる・安心させる
ほめる、苦痛を取り除くのか、もてなすのか、さまざまな喜ばせ方がある

327	**flatter** [flǽtər] V R L	おせじを言う；ほめて喜ばせる

heal a wound
傷を治す

💡 「ヒーリング」でお馴染み

This word derives from Greek.
この単語はギリシャ語に由来している。

💡 rive(r)（川）から de（分離）するから、deprive「奪う」と混同しないように

Crime often stems from poverty.
犯罪はしばしば貧困から生じる。

💡 「木の幹」が原義

adopt a child
子供を養子にする

💡 opt（選ぶ）が語幹。他に option（選択）など、adapt「適応する」と混同しないように

hire a lawyer
弁護士を雇う

💡 金銭を支払って一時的に雇ったり借りたりすること、「ハイヤー（高級タクシー）」は和製英語

recruit new members
新会員を勧誘する

💡 「リクルートスーツ」は就職活動用のスーツ

employ a graduate
大学の卒業生を採用する

💡 the lifetime employment system で「終身雇用制」

flatter my boss
上司にお世辞を言う

💡 You flatter me.「お口がお上手ですね（お世辞でも嬉しいです）」はよく使う口語表現

328	**relieve** [rilíːv] `V` `R` `L`	(苦痛・負担などを) 取り除く；救援する； 安心させる 名 relief （苦痛などの）軽減；息抜き；交替
329	**reassure** [riəʃúər] `V` `R`	安心させる；元気を回復させる
330	**entertain** [èntərtéin] `V` `R` `L` `W` `S`	楽しませる；もてなす 名 entertainment 娯楽；もてなし
331	**rejoice** [ridʒóis] `V` `R` `L`	喜ぶ；恵まれている

53. 類似・一致する

自然と「似ている」のと、恣意的に「ふりをする」のと、どっち？

332	**accord** [əkɔ́ːrd] `V` `R`	一致する；調和する ① 名 一致；協定 副 accordingly その結果；適切に
333	**coincide** [kòuinsáid] `V` `R` `L`	同時に起きる；重なる；一致する 名 coincidence 偶然の一致
334	**resemble** [rizémbl] `V` `R` `L`	(外観・性質などが) 似ている； 類似している 名 resemblance 類似点；肖像
335	**pretend** [priténd] `V` `R` `L` `W` `S`	ふりをする；偽る；見せ掛ける 名 pretender 偽善者

relieve my stress
ストレスを<u>解消する</u>

💡 野球の「リリーフ投手」とは、救援する投手のこと

try to reassure her
彼女を<u>安心させる</u>ように努める

💡 re (再び) assure (確信させる) こと

entertain my guest with music
音楽で客を<u>もてなす</u>

💡 「エンターテイメント」でおなじみ!

rejoice at the news
その知らせを聞いて<u>喜ぶ</u>

💡 rejoice in good health で「健康に恵まれている」

accord with my principle
私の主義に<u>合致する</u>

💡 according to ~ (~によれば) の形でよく出る!

His view coincided with mine.
彼と私の考えは<u>一致した</u>。

💡 発音に注意! What a coincidence! (なんて偶然!) は会話必須表現

resemble the shape
その形に<u>似ている</u>

💡 semble (よく似ている;集まる) から

pretend to be sleeping
寝ている<u>ふりをする</u>

💡 pretend to be ill で「仮病をつかう」

103

Review Quiz ⑥ 日本語に合うように、空所に英単語を入れましょう。

1 この単語はギリシャ語に由来している。

This word _____ from Greek.

2 その形に似ている

_____ the shape

3 ストレスを解消する

_____ my stress

4 事態を重要視する

_____ the situation as serious

5 病気を治す

_____ a disease

6 古い家を修復する

_____ the old house

7 大気の温度を示す

_____ air temperature

8 子供を養子にする

_____ a child

9 足首をひねる

_____ my ankle

10 免許を保有する

_____ a license

正解
1. derives
2. resemble
3. relieve
4. regard
5. cure
6. restore
7. indicate
8. adopt
9. twist
10. possess
11. bury
12. blame
13. criticize
14. broadcast
15. exceed
16. employ
17. pretend
18. expand
19. sustain
20. assist

11	地面に金貨を埋める
	_____ gold coins in the ground

12	その事故は私のせいだ。
	I am to _____ for the accident.

13	間違いをしたことで彼を批判する
	_____ him for his mistakes

14	ニュースを放送する
	_____ the news

15	制限速度を超える
	_____ the speed limit

16	大学の卒業生を採用する
	_____ a graduate

17	寝ているふりをする
	_____ to be sleeping

18	領土を拡大する
	_____ the territory

19	自然環境を維持する
	_____ the environment

20	患者がベッドに上るのを手伝う
	_____ a patient in getting into bed

19-20 Outstanding! 英検 2 級余裕合格できるレベル！

17-18 Excellent! 英検 2 級合格レベル。

15-16 Very good!

13-14 Good 英検 2 級はもう一息!

10-12 Fair もっとボキャビルに気合を入れて頑張りましょう!!

Your score

/20

54. わかる・認める

承認や許可だけでなく、感謝を伴った「認める」や五感で「認める」などさまざ

336	**admit** [ædmít] V R L W S	認める；（入学・入場など）を許可する
337	**acknowledge** [æknálidʒ] V R	承認する；認知する；感謝を表す 名 acknowledg(e)ment 承認；自白；お礼
338	**approve** [əprúːv] V R L W S	賛成する；承認する 名 approval 賛成；承認
339	**appreciate** [əpríːʃièit] V R L W S	ありがたく思う；良さを認める
340	**notice** [nóutis] V R L W S	気づく；注目する；気をつける ① 名 通知；掲示
341	**detect** [ditékt] V R	探知する；発見する；犯罪捜査に当たる 名 detective 探偵；刑事
342	**grasp** [grǽsp] V R L	握る；つかもうとする；把握する ① 名 つかむこと；握るもの
343	**identify** [aidéntəfi] V R L	（本物；本人だと）特定する；同一視する 名 identification 身元確認
344	**interpret** [intə́ːrprit] V R L W	解釈する；解明する；通訳する 名 interpretation / interpreter 解釈／通訳

admit my mistake
間違いを認める

💡 招待券や入場券に書かれている Admit one は「一名様有効」の意味

acknowledge the importance
重要性を認識する

💡 acknow（よく知る）と knowledge（知識）の混合語

approve the plan
その計画を承認する

💡 良さを prove（証明する）こと。反意語の disapprove of ～は「～に賛成しない」

appreciate his help
彼の協力に感謝する

💡 appreciate the beauty は「美しさを味わう」、an appreciation letter は「感謝状」のこと

notice a change
変化に気づく

💡 on short notice で「直ぐに;急に」

detect an error
エラーを検出する

💡 a detective novel は「探偵小説」

grasp the situation
状況を把握する

💡 grasp at a straw で「藁にもすがる」

identify the cause of the disease
その病気の原因を特定する

💡 ID は identification の略、本人を証明するカードを ID カード（identity card）という

interpret a graph
グラフを解釈する

💡 interpret は「通訳する」で translate は「翻訳する」

| 345 | **perceive**
[pərsíːv]　V R L | (五感によって)知覚する；理解する
名 perception　認識；知覚すること；理解力 |

 55. 公にする・はっきり強く言う
意見や権利を主張する、引用することではっきり述べる、出版するなど多彩！

346	**remark** [rimáːrk]　V R	(所見を)述べる；注目する ⚠名 意見；所見；注目 形 remarkable　注目すべき；目立った
347	**state** [stéit]　V R L	(はっきり；詳しく)述べる；明言する ⚠名 状態；国家；(米国などの)州 名 statement　陳述；声明；供述
348	**assert** [əsə́ːrt]　V R	主張する；断言する；言い張る 形 assertive　自己主張の強い；独断的な
349	**refer** [rifə́ːr]　V R L	言及する；参照する 名 reference　言及；参照；推薦状
350	**cite** [sáit]　V R	(例・証拠などを)挙げる；引用する 名 citation　引用；列挙；表彰
351	**quote** [kwóut]　V R L	引用する；評する ⚠名 格言；引用 名 quotation　引用；相場
352	**declare** [diklέər]　V R L W S	宣言する；表明する；申告する 名 declaration　宣言；発表
353	**publish** [pʌ́bliʃ]　V R L W S	出版する；公表する 名 publisher　出版社 名 publication　出版(物)

DAY 7

perceive the problem
問題を認識する

💡 per (完全) に ceive (取る) こと。他に receive (受ける) も

remark on the issue
その問題について述べる

💡 思ったことや気付いたことなどを一言述べる

state my views
自分の見解をはっきり述べる

💡 書面や口頭で正式にはっきりと述べる

assert my rights
自分の権利を主張する

💡 根拠はないが断言する

refer to the manual
仕様書を参照する

💡 refer to the following は「下記参照」

cite an example
例を挙げる

💡 site (サイト；敷地) と同じ発音

quote from the Bible
聖書のことばを引用する

💡 quotation marks は「引用符」

declare a national emergency
国家緊急事態を宣言する

💡 The Declaration of Independence は「独立宣言」

publish a book in five languages
5カ国語で本を出版する

💡 public (公) に ish (する) ことから

354	**emphasize/-se** [émfəsaiz] V R L W	強調する；重要視する **名** emphasis 強調；重要な点
355	**exaggerate** [igzǽdʒərèit] V R L W	誇張する；大げさに言う；際立たせる

56 対話・心の内を言う
不平や告白、預言、交渉、約束、謝罪……さまざまな対話の形

356	**complain** [kəmpléin] V R L W S	不平・苦情を言う **名** complaint 不平の訴え；泣き言
357	**confess** [kənfés] V R L W	告白する；白状する； （自分に不利なことを）認める **名** confession 告白
358	**predict** [pridíkt] V R L W S	予言する；予測する **名** prediction 予言；予報
359	**chat** [tʃǽt] V R L W S	おしゃべりする ①**名** 気軽な話 **動** chatter ぺちゃくちゃしゃべる
360	**negotiate** [nəgóuʃièit] V R L	交渉する；取り決める； うまく切り抜ける **名** negotiation 交渉
361	**respond** [rispánd] V R L	返答する；反応する **名** response 返答；反応
362	**promise** [prámis] V R L W S	約束する；見込みがある ①**名** 約束；兆し

emphasize the importance of education 教育の重要性を<u>強調する</u>	💡 put emphasis on ～（～を強調する）は頻出熟語
exaggerate a story 話を<u>大げさに言う</u>	💡 発音が難しいので口に出して練習しよう！
complain about his salary 給料にに<u>文句を言う</u>	💡「クレームをつける」は make a complaint と表現する（claim は「主張；要求」）
confess his crime 罪を<u>告白する</u>	💡「愛の告白」は a confession of love
predict the election outcome 選挙結果を<u>予測する</u>	💡 pre（前もって）dict（言う）
chat with a friend 友達と<u>おしゃべりをする。</u>	💡 オンラインチャットでおなじみ
negotiate a contract 契約<u>交渉する</u>	💡 ビジネスシーンで使う「ネゴ」はここから
respond to customer's needs 消費者のニーズに<u>応える</u>	💡「レスポンス（response）が早い」などでおなじみ
promise a reward 報酬を<u>約束する</u>	💡 keep one's promise（約束を守る）は熟語で覚えよう！

363	**appoint** [əpɔ́int] V R L W	指名する；(日時；場所などを) 指定する 名 appointment 任命；約束；予約
364	**apologize** [əpɑ́lədʒaiz] V R L W S	謝る；わびる 名 apology 謝罪；おわび
365	**react** [riǽkt] V R L W	反応する；反発する 名 reaction 反応；リアクション

be appointed to the position その役職に任命された	🔆 病院・歯科医院の予約は appointment、レストランなど座席の予約は reservation
I apologize for the inconvenience. ご面倒をおかけして申し訳ございません。	🔆 発音に注意。make an apology で「謝罪する」
react quickly to changes in society 社会の変革に素早く対応する	🔆「リアクション・ペーパー」は、講義への反応 (感想) をまとめたレポートのこと

D
A
Y

7

DAY 7 ▶ 形容詞

 1. 肯定的・否定的／能動的・受動的
それぞれ反対の意味を持つ2ペアをまとめて覚えよう!

366 **negative** [négətiv] ⅤⅬⅬⅥⅤ
マイナスの；否定的な

367 **positive** [pázətiv] ⅤⅬⅬⅥⅤ
非常に前向きな；プラスの；明確な

368 **active** [ǽktiv] ⅤⅬⅬⅥⅤ
積極的な；活動的な
動 activate 活性化する

369 **passive** [pǽsiv] ⅤⅬⅬⅥⅤ
受動的な；消極的な

2. 主観的・客観的／具体的・抽象的
イメージしづらい形容詞は、反意語で比べて覚えるのが吉!

370 **abstract** [ǽbstrækt] ⅤⅬⅬ
抽象的な
①動 要約する　①名 要旨

371 **concrete** [kánkriːt] ⅤⅬⅬ
具体的な；固まった
①名 コンクリート

372 **objective** [əbdʒéktiv] ⅤⅬⅬ
客観的な
①名 目的
名動 object 物体；目標／反対する

373 **subjective** [səbdʒéktiv] ⅤⅬⅬ
主観的な；個人的な
①名 主格
名動 subject 主題；教科／従属している

114

negative thoughts マイナス思考	💡 "No" の意思表示に "Negative!" と言うことも
a positive attitude toward life 人生に対する非常に前向きな態度	💡 医学等の分野で反応、効果などが陽性であることを表す
active children 活動的な子供	💡 act (行動) が語幹
passive smoking 受動喫煙	💡 文法用語で「受動態」のことを passive voice という

abstract art 抽象芸術	💡 名詞の abstract「(論文などの)要約」も重要！
a concrete example 具体的な例	💡 固まったコンクリートのイメージ
objective data 客観的データ	💡 objective は object よりも具体的なゴールのこと
a subjective opinion 主観的な意見	💡 subjective evaluations は「個人的な評価」

3. 完全な・究極の

基本語 entire にプラス 3 語！ ニュアンスの違いをつかもう！

374	**entire** [intáiər] Ⓥ Ⓡ Ⓛ Ⓦ	全体の；完全な
375	**comprehensive** [kàmprihénsiv] Ⓥ Ⓡ Ⓛ	包括的な；総合的な；理解力のある
376	**supreme** [səprí:m] Ⓥ Ⓡ Ⓛ	最高の；至高の
377	**ultimate** [ʌ́ltəmət] Ⓥ Ⓡ Ⓛ	最終の；究極の

4. 素晴らしい・優雅な・圧倒的な・優れた

ポジティブな表現が盛りだくさん！　使いこなせるようになろう！

378	**elegant** [éligənt] Ⓥ Ⓡ Ⓛ Ⓦ Ⓢ	上品な；優雅な 名 elegance　気品
379	**extraordinary** [ikstrɔ́:rdənèri] Ⓥ Ⓡ Ⓛ Ⓦ Ⓢ	並外れた；尋常でない
380	**exquisite** [ikskwízit] Ⓥ Ⓡ Ⓛ	極めて素晴らしい；繊細で美しい
381	**fantastic** [fæntǽstik] Ⓥ Ⓡ Ⓛ Ⓦ Ⓢ	素晴らしい；空想の 名 fantasy　空想；ファンタジー

the entire **freedom of choice** 完全な選択の自由	☼ Entire Agreement (完全合意)は英文契約書でよく見られる表現
a comprehensive **study of history** 総合的な歴史の研究	☼ CTBT と は Comprehensive Nuclear Test Ban Treaty (包括的核実験禁止条約) の略
the Supreme Court 最高裁判所	☼ 若者に人気の Supreme はアメリカのストリートファッションブランド
the ultimate **goal** 究極の目標	☼ the ultimate weapon とは「最終兵器」のこと

elegant **furniture** 優雅な家具	☼ an elegant idea [solution] (見事な考え [解決策]) の用法も
an extraordinary **talent** 並外れた才能	☼ 通常、良い意味で並外れた様子
exquisite **beauty** この上ない美しさ	☼ 芸術品や味のほめ言葉
a fantastic **wedding** 素晴らしい結婚式	☼ Fantastic! は感嘆の言葉

DAY 7

117

382	**superior** [səpíəriər] ⓋⓇⓁⓌⓈ	より優れている；上位の 反 inferior 下級の
383	**splendid** [spléndid] ⓋⓇⓁⓌⓈ	見事な；壮麗な
384	**gorgeous** [gɔ́ːrdʒəs] ⓋⓇⓁⓌⓈ	豪華な；華麗な
385	**incredible** [inkrédəbl] ⓋⓇⓁⓌⓈ	信じられない；とてつもない
386	**magnificent** [mægnífəsənt] ⓋⓇⓁ	壮大な；堂々とした；立派な
387	**marvelous** [máːrvələs] ⓋⓇⓁ	素晴らしい；驚くべき
388	**noble** [nóubl] ⓋⓇⓁⓌⓈ	高貴な；気高い ① 名 貴族
389	**overwhelming** [òuvərhwélmiŋ] ⓋⓇⓁ	圧倒的な；不可抗力の 動 overwhelm 圧倒する
390	**terrific** [tərífik] ⓋⓇⓁⓌⓈ	ものすごい；凄まじい；素晴らしい
391	**valuable** [væljuəbl] ⓋⓇⓁⓌⓈ	（金銭的に）価値のある ① 名 貴重品 名 value （金銭的な）価値

This wine is superior to that one.
こちらのワインはあちらのものより上等です。

ヅ superior to 〜 は better than 〜より堅い表現

---

a room with a splendid view
見事な眺めの部屋

ヅ まばゆいばかりの輝きを持つ感じ

---

a gorgeous dress
豪華なドレス

ヅ 華やかな見た目の人を褒める際、使う言葉

---

an incredible story
信じられない話

ヅ cred (信じる) ことができないほどすごい

---

a magnificent palace
壮大な宮殿

ヅ (外観・景観・考え・行動などが)「非常に美しく、すばらしい、堂々とした」ものに使う

---

a marvelous invention
驚くべき発明

ヅ MARVEL は驚異的な能力をもつヒーローたちの映画で有名

---

a noble family
貴族の一家

ヅ 名を no (知る)「名高い貴族」

---

an overwhelming victory
圧倒的な勝利

ヅ 周り全てが覆われるイメージ

What a terrific idea!
なんて素晴らしいアイデアだろう。

ヅ 良くも悪くも、程度がはなはだしい様子

---

valuable paintings by Vincent van Gogh
価値のあるゴッホの絵画

ヅ Keep your valuables. は、貴重品の管理を促す言葉

119

Review Quiz ⑦   日本語に合うように、空所に英単語を入れましょう。

1 完全な選択の自由
the _____ freedom of choice

2 人生に対する非常に前向きな態度
a _____ attitude toward life

3 具体的な例
a _____ example

4 並外れた才能
an _____ talent

5 自分の権利を主張する
_____ my rights

6 国家緊急事態を宣言する
_____ a national emergency

7 話を大げさに言う
_____ a story

8 選挙結果を予測する
_____ the election outcome

9 ご面倒をおかけして申し訳ありません。
I _____ for the inconvenience.

10 貴族の一家
a _____ family

正解

1. entire	7. exaggerate	14. confess
2. positive	8. predict	15. interpret
3. concrete	9. apologize	16. active
4. extraordinary	10. noble	17. refer
5. assert	11. incredible	18. react
6. declare	12. overwhelming	19. promise
	13. identify	20. valuable

11 信じられない話

an _____ story

12 圧倒的な勝利

an _____ victory

13 その病気の原因を特定する

_____ the cause of the disease

14 罪を告白する

_____ his crime

15 グラフを解釈する

_____ a graph

16 活動的な子供

_____ children

17 仕様書を参照する

_____ to the manual

18 社会の変革に素早く対応する

_____ quickly to changes in society

19 報酬を約束する

_____ a reward

20 価値のあるゴッホの絵画

_____ paintings by Vincent van Gogh

19-20 Outstanding! 英検 2 級余裕合格できるレベル！	Your score
17-18 Excellent! 英検 2 級合格レベル。	
15-16 Very good!	
13-14 Good 英検 2 級はもう一息!	
10-12 Fair もっとボキャビルに気合を入れて頑張りましょう!!	/20

5. 有名な・傑出した
人物だけでなくパフォーマンスや特徴を表すのにも使う！

392	**distinguished** [distíŋgwiʃt] V R L	際立って優れた；抜群の

393	**notable** [nóutəbl] V R L	注目すべき；著名な

394	**outstanding** [àutstǽndiŋ] V R L W S	傑出した；目立った；未払いの

395	**prominent** [prámənənt] V R L	著名な；突出した

396	**striking** [stráikiŋ] V R L	印象的な；際立った 動 strike 打つ；衝突する

6. 重要な・貴重な
金銭的価値を超えた、命に係わる貴重さを表す表現に注目！

397	**critical** [krítikəl] V R L	批判の；決定的な；重篤な

398	**grave** [gréiv] V R L	重々しい；重大な ① 名 墓

399	**indispensable** [ìndispénsəbl] V R L W	絶対に必要な；不可欠な

DAY 8

a distinguished scientist
際立って優れた科学者

💡 distinguished guests は「著名な来賓」

notable changes
注目すべき変化

💡 note (印) をつけるべき様子

an outstanding performance
傑出したパフォーマンス

💡 stand out で「突出している；際立つ」

a prominent scholar
著名な学者

💡 pro (前に) mine (突出) している様子

a striking feature
目立った特徴

💡 make a striking contrast to ～「～と著しい対照をなす」

The patient is in critical condition.
その患者は重篤な状況 (重体) である

💡 局面を左右する重大な状況を表す

grave news
重大ニュース

💡 gravity (重力) と同じ語源

Air and water are indispensable to life.
水と空気は生命に不可欠である。

💡 dispense (分配) できない程必要な様子

123

400	**precious** [préʃəs] Ⓥ Ⓡ Ⓛ Ⓦ Ⓢ	貴重な；高価な
401	**vital** [váitl] Ⓥ Ⓡ Ⓛ Ⓦ	生命に関する；極めて重要な

7. 豊かな・たくさんの・かなりの・希少な

衝撃！「全体の」がスラングでは「キモイ」という意味に！！

402	**abundant** [əbʌ́ndənt] Ⓥ Ⓡ Ⓛ	豊富な；あり余るほど十分な 動 abundance 量；豊富
403	**considerable** [kənsídərəbl] Ⓥ Ⓡ Ⓛ	かなりの；相当な；重要な
404	**countless** [káuntlis] Ⓥ Ⓡ Ⓛ	数えきれない；無数の
405	**gross** [gróus] Ⓥ Ⓡ Ⓛ	全体の；はなはだしい
406	**numerous** [njú:mərəs] Ⓥ Ⓡ Ⓛ	おびただしい数の；非常に多くの
407	**rare** [réər] Ⓥ Ⓡ Ⓛ Ⓦ Ⓢ	珍しい；貴重な；希薄な 副 rarely めったに〜ない
408	**scarce** [skéərs] Ⓥ Ⓡ	不足して；乏しい；まれな 副 scarcely ほとんど〜ない

precious moments
貴重な瞬間

💡 映画『ロード・オブ・ザ・リング』でゴラムが大切な指輪を "My precious!" と呼ぶ

vital elements of her success
成功に極めて重要な要素

💡 医学用語で vital signs は（血圧、心拍数、呼吸など）「生命兆候」

an abundant supply of water
豊富な水の供給

💡 反対語は scarce（乏しい）

a considerable amount of time and money
かなりの時間とお金

💡 consider（考慮する）べきほどかなりの

countless stars in the night sky
夜空に輝く無数の星

💡 count（数え）きれないほど多い様子

a gross income
総収入

💡 スラングで「キモイ」という意味もある

numerous friends
おびただしい数の友達

💡 numer（数）が非常に多い様子

a rare case
珍しい事例

💡 ステーキの焼き具合で、あまり焼かないのがレア

Water is scarce in this area.
この地域は水が不足している。

💡 今後も必要なものが、減少している状況

125

409	**slight** [sláit] ⓋⓇⓁⓌⓈ	わずかな；少しの **副 slightly** わずかに
410	**substantial** [səbstǽnʃəl] ⓋⓇⓁ	相当な；実質的な；堅固な **名 substance** 実体；実質；中身
411	**sufficient** [səfíʃənt] ⓋⓇⓁ	十分な；足りている
412	**wealthy** [wélθi] ⓋⓇⓁⓌⓈ	豊かな；裕福な **名 wealth** 富；財産

12:25 8. 正確な・適切な
23 54 6/13 時間やデータなど、正確さが求められる場面で特に出てくる！

413	**exact** [igzǽkt] ⓋⓇⓁⓌⓈ	正確な；厳密な **副 exactly** まさしく；厳密に
414	**accurate** [ǽkjurət] ⓋⓇⓁⓌ	(情報などが) 正確な；精密な
415	**adequate** [ǽdikwət] ⓋⓇⓁ	十分な；適切な
416	**appropriate** [əpróupriət] ⓋⓇⓁ	適切な；妥当な
417	**decent** [díːsnt] ⓋⓇⓁⓌⓈ	きちんとした；礼儀正しい

a slight difference
わずかな違い

💡「ほんの少し」のイメージから「軽視する」という意味もある

a substantial number of people
相当な数の人々

💡 物質が多く、たっぷり詰まったイメージ

a sufficient sleep
十分な睡眠

💡 口語では enough がよく使われる

D A Y 8

a wealthy family
裕福な家庭

💡 wealth（富）を有し、金銭的に豊かな様子。rich の婉曲表現

the exact time
正確な時間

💡 Exactly!（まさに！）は強い同意の表現

accurate data
正確なデータ

💡 理性的な判断を伴う正確さを表す

an adequate standard of living
適切な生活水準

💡 特定の目的などに対して十分であること

an appropriate choice
妥当な選択

💡 巧みに目的・条件に適っている

a decent hotel
きちんとしたホテル

💡 世間的には良いが、個人的には良くも悪くもないという感情も表す

418

favorable
[féivərəbl] ⓋⓇⓁⓌⓈ

好都合な；有利な；好意的な
名動 favor　好意；親切；恩恵／好意を示す

419

punctual
[pʌ́ŋktʃuəl] ⓋⓇⓁⓌ

時間に正確な；几帳面な

---

9. 本物の・偽りの
ホンモノ系2語 VS ニセモノ系2語！！まとめて覚えちゃおう！

420

fake
[féik] ⓋⓇⓁⓌⓈ

偽の
⚠️動 偽造する　⚠️名 偽造品

421

false
[fɔ́:ls] ⓋⓇⓁⓌⓈ

間違った；うその

422

genuine
[dʒénjuin] ⓋⓇⓁ

本物の；心からの

423

trustworthy
[trʌ́stwə̀:rði] ⓋⓇⓁ

信頼できる；当てになる

---

10. 広大な・巨大な・強大な・無限の
さまざまなニュアンスの「大」を表す8語を一網打尽！

424

enormous
[inɔ́:rməs] ⓋⓇⓁⓌⓈ

並外れて大きい；かなりの

425

extensive
[iksténsiv] ⓋⓇⓁ

広大な；広範囲にわたる
動 extend　拡大する
名 extension　拡張；延長

---

a favorable response
色よい返事

💡 favor (好意) が得られること

He is punctual for an appointment.
彼は約束の時間をきっちり守る。

💡 点を punct (刺すこと) から、几帳面な様子

---

a fake smile
作り笑い

💡 fake news は2017年アメリカの流行語

a false alarm
誤警報

💡 True or False は情報の正誤を当てる簡単なゲーム

genuine leather
本物の革

💡 日常会話では real をよく使う

trustworthy information
信頼できる情報

💡 trust (信用) に worth (値する)

---

an enormous iceberg
とてつもなく大きい氷山

💡 norm (基準) を外れて大きい様子

extensive knowledge
広範囲にわたる知識

💡 囲いのある場所が広い場合は spacious を使う

DAY 8

| 426 | **immense**
[iméns] V R | 巨大な；莫大な |

| 427 | **infinite**
[ínfənət] V R | 無数の；無限の |

| 428 | **massive**
[mǽsiv] V R L | 重厚な；巨大な
名 mass （大きな）塊；大衆；質量 |

| 429 | **mighty**
[máiti] V R L | 力強い；強大な
名 助 might （巨大な）力／may の過去形 |

| 430 | **profound**
[prəufáund] V R L | （影響などが）大きい；深遠な |

| 431 | **tremendous**
[triméndəs] V R L W S | 途方もない；すさまじい |

11. 賢い・有能な・愚かな
有能系 6 語 VS 愚か系 2 語！！　比べてまとめて覚えよう！

| 432 | **absurd**
[æbsə́:rd] V R L W S | ばかげた；不条理な |

| 433 | **capable**
[kéipəbl] V R L W S | 能力を秘めた；可能性のある
名 capability （潜在的な）能力 |

| 434 | **competent**
[kámpətənt] V R L W S | 適性のある；十分な能力がある
名 competence 能力 |

immense power 巨大な力	寸法・量・程度などが計測できないほど大きい様子
an infinite number of stars 無数の星	finite (制限され) ない様子
a massive wall 巨大な壁	大きくて重い mass (塊) のイメージ
the mighty king 無敵の王	アニメ『マイティマウス』はネズミのヒーローが大活躍
a profound effect 大きな影響	found (土台) から、深い根底のイメージ
a tremendous amount of money 途方もない額のお金	震えるほどすごい様子、「すばらしい」という意味もある
an absurd idea ばかげた考え	理性や常識を全く欠いている様子
a capable teacher 有能な教師	be capable of ～ ing で「～する能力がある」
a competent leader 適格なリーダー	compete (競争) で磨かれる技能がある

D
A
Y
8

435	**efficient** [ifíʃənt] V R L W S	効率がいい；能率的な 名 efficiency 能率
436	**ignorant** [ígnərənt] V R L W S	無知な；無学の 名 ignorance 無知 動 ignore 無視する
437	**intellectual** [ìntəléktʃul] V R L W S	知的な；知性の ! 名 知的能力
438	**rational** [rǽʃənl] V R L	理性的な；合理的な
439	**ridiculous** [ridíkjuləs] V R L W S	ばかげた；とんでもない

🔪 12. たるんだ・鈍い／勤勉な・生き生きした
たるみ系 3 語 VS 勤勉生き生き系 6 語!!　対比せよ!

440	**diligent** [díledʒənt] V R L W S	勤勉な；仕事熱心な 名 diligence 勤勉さ
441	**dull** [dʌl] V R L W S	退屈させる；（刃物・人などが）鈍い
442	**earnest** [ə́:rnist] V R L	真面目な；本心からの ! 名 本気
443	**idle** [áidl] V R L W S	何もしていない；むだな ! 動 怠ける

132

energy-efficient machines エネルギー効率の良い機械	💡 無駄なく実行する能力があること
She is ignorant of the fact. 彼女はその事実について何も知らない	💡 be ignorant of [about] world affairs は「世界情勢に疎い」
intellectual conversations 知的な会話	💡 教養深く思考的なものに興味がある様子
a rational plan 合理的な計画	💡 ratio (比率) で判断する様子
a ridiculous story ばかげた話	💡 Ridiculous! は「ばかばかしい」「ふざけるな」などを意味する強い表現
a diligent student 勤勉な学生	💡 hardworking や earnest より堅い語
a dull knife 切れ味の鈍いナイフ	💡 日本語の「だるい」と意味が似ている
an earnest hope 切実な願い	💡 誉め言葉にも皮肉にもなる言葉
an idle talk むだ話	💡 アイドリングはエンジンをかけたまま停車していること

DAY 8

133

444	**industrious** [indʌ́striəs] V R L	よく働く；勤勉な；熱心な
445	**lazy** [léizi] V R L W S	怠惰な；けだるい
446	**lively** [láivli] V R L W S	生き生きした；活発な；鮮やかな
447	**vivid** [vívid] V R L W S	色鮮やかな；鮮明な
448	**vigorous** [vígərəs] V R	精力的な；元気はつらつな 名 vigor 活力；力強さ

13. 奇妙な・ユニークな
好奇心をそそる特徴をもつ表現 4 語をまとめて！

449	**curious** [kjúəriəs] V R L W S	好奇心が強い；好奇心をそそる
450	**alien** [éiljən] V R L	異質な；なじみのない ① 名 よそ者 動 alienate ～を疎外する；遠ざける
451	**odd** [ád] V R L W S	奇妙な；半端な
452	**peculiar** [pikjú:ljər] V R L W S	特有の；奇妙な

industrious workers
よく働く労働者たち

💡 industrial (産業の) との混同に注意！

a lazy student
怠惰な学生

💡 口語でよく使われる表現

have a lively conversation
活発な会話を交わす

💡 活発に live (生きている) 様子

vivid colors
鮮やかな色彩

💡 I have a vivid memory of ~で「~を鮮明に記憶している」

DAY 8

a vigorous young man
元気はつらつな若者

💡 人、動植物全てに使える形容詞、vigorous exercise (本格的な運動) も重要！

curious about everything
何でも興味がある

💡 『おさるのジョージ』の原題は Curious George

an alien culture
異質な文化

💡 映画『エイリアン』で世界的に有名な言葉

odd numbers
奇数

💡 偶数は even numbers という

a custom peculiar to Japan
日本特有の習慣

💡 special は優れたものとして、peculiar は奇異なものとしての、特別さがある様子

135

Review Quiz ⑧ 日本語に合うように、空所に英単語を入れましょう。

1 奇数
_____ numbers

2 切れ味の鈍いナイフ
a _____ knife

3 作り笑い
a _____ smile

4 本物の革
_____ leather

5 エネルギー効率の良い機械
energy- _____ machines

6 何にでも興味がある
_____ about everything

7 際立って優れた科学者
a _____ scientist

8 貴重な瞬間
_____ moments

9 妥当な選択
an _____ choice

10 正確な時間
the _____ time

正解
1. odd
2. dull
3. fake
4. genuine
5. efficient
6. curious
7. distinguished
8. precious
9. appropriate
10. exact
11. absurd
12. industrious
13. enormous
14. punctual
15. ignorant
16. considerable
17. notable
18. capable
19. lazy
20. rare

136

11 ばかげた考え
an _____ idea

12 よく働く労働者たち
_____ workers

13 とてつもなく大きい氷山
an _____ iceberg

14 彼は約束の時間をきっちり守る。
He is _____ for an appointment.

15 彼女はその事実について何も知らない。
She is _____ of the fact.

16 かなりの時間とお金
a _____ amount of time and money

17 注目すべき変化
_____ changes

18 有能な教師
a _____ teacher

19 怠惰な学生
a _____ student

20 珍しい事例
a _____ case

19-20 Outstanding! 英検 2 級余裕合格できるレベル！

17-18 Excellent! 英検 2 級合格レベル。

15-16 Very good!

13-14 Good 英検 2 級はもう一息！

10-12 Fair もっとボキャビルに気合を入れて頑張りましょう!!

Your score

/20

14. 賢明な・機敏な・鋭敏な・成熟した
さまざまな角度で発達している 4 タイプの形容詞 7 語！

453	**acute** [əkjúːt] V R L	(感覚・痛みが) 鋭い；急性の
454	**alert** [ələ́ːrt] V R L W S	警戒した；機敏な ① 名 警報
455	**mature** [mətʃúər] V R L W S	成熟した ① 動 成熟する 名 maturity 成熟 (期)；円熟
456	**ripe** [ráip] V R L W	(果実などが) 熟した；円熟した
457	**sensible** [sénsəbl] V R L W S	賢明な；知覚できる
458	**sharp** [ʃáːrp] V R L W S	鋭敏な；よく切れる；利口な
459	**steep** [stíːp] V R L W S	(坂・丘などの傾斜が) 急な；険しい

15. 不安な・落ち込んだ
ニュアンスの違いをしっかりつかんで語意を理解しよう！

| 460 | **upset**
 [ʌpsét] V R L W S | 動揺して
 ① 動 転覆させる |

an acute pain
鋭い痛み

💡 数学用語で「鋭角」をacute angleという

alert to the danger
危険を警戒する

💡 「Jアラート」は「全国瞬時警報システム」の通称

a mature woman
成熟した女性

💡 熟して良いものになるイメージ

ripe fruits
熟した果実

💡 朽ちる直前の成熟の頂点に達した状態

sensible advice
賢明なアドバイス

💡 sensitive (敏感な) との混同に注意！

a sharp knife
よく切れるナイフ

💡 シャープペンシルはこの単語からできた和製英語

steep mountains
険しい山

💡 ニュースなどで「法外な高値」をa steep priceという

She was upset to hear the news.
彼女はその知らせを聞いて動揺した。

💡 an upset stomach は「胃のむかつき」

DAY
9

461	**ashamed** [əʃéimd] ⓋⓇⓁⓌⓈ	恥じて 名 shame 恥；残念なこと
462	**anxious** [ǽŋkʃəs] ⓋⓇⓁⓌⓈ	心配して；不安な；切望して 名 anxiety 不安；心配
463	**desperate** [déspərət] ⓋⓇⓁ	必死の；絶望的な 副 desperately 必死に；ひどく
464	**gloomy** [glúːmi] ⓋⓇⓁ	暗い；憂鬱な；悲観的な 名動 gloom 暗闇；薄暗がり／薄暗くなる
465	**restless** [réstlis] ⓋⓇⓁⓌⓈ	落ち着かない；そわそわした；不安な
466	**uneasy** [ʌníːzi] ⓋⓇⓁⓌⓈ	不安な；不安定な；楽でない

16. 不快な・ひどい・極悪な・危険な
ネガティブで怖い表現 14 連発！　ニュアンスをつかもう！

467	**aggressive** [əɡrésiv] ⓋⓇⓁⓌⓈ	攻撃的な；強引な；積極的な
468	**annoying** [ənɔ́iiŋ] ⓋⓇⓁⓌⓈ	いらいらさせる；迷惑な；煩わしい 動 annoy 悩ます；苦しめる
469	**awful** [ɔ́ːfəl] ⓋⓇⓁⓌⓈ	ひどい；恐ろしい；不快な 名 awe おそれ多い気持ち；畏敬

I'm ashamed of what I have done. 私は自分がした事が恥ずかしい。	a（強く）shame（恥）じている
She is anxious about his health. 彼女は彼の健康を心配している。	be anxious for ～で「～を切望している」。発音に注意！
a desperate attempt 必死の試み	わずかな希望をつなぎたい思いがある
gloomy weather どんよりした空模様	a gloomy outlook で「暗い見通し」
have a restless night. 不安な夜を過ごす	rest（休息）が less（ない）から落ち着かない
I feel uneasy about the future. 自分の将来の不安だ。	easy（安楽で）ないこと

an aggressive dog 攻撃的な犬	すぐに仕掛ける積極性がある様子
her annoying habit of interrupting people 人を邪魔するという彼女の迷惑な癖	日本語の「うざい」に相当する
an awful storm すさまじい嵐	程度が非常で恐ろしいイメージ

470	**brutal** [brúːtl] V R L	残酷な；厳しい；荒々しい

471	**foul** [fául] V R L	汚い；下品な ① 名 (スポーツの) 反則

472	**insulting** [insʌ́ltiŋ] V R L W S	侮辱的な；無礼な 動 名 insult 侮辱する／侮辱

473	**miserable** [mízərəbl] V R L W S	惨めな；不幸な 名 misery 悲惨さ；惨めさ；不幸

474	**offensive** [əfénsiv] V R L	しゃくにさわる；侮辱的な；攻撃的な 名 offense 侮辱；攻撃；違反 動 offend 怒らせる；罪を犯す 反 deffensive 防御的な

475	**savage** [sǽvidʒ] V R L W	獰猛な；過酷な；野蛮な ① 名 野蛮人

476	**sore** [sɔ́ːr] V R L W S	痛みを感じる ① 名 苦痛の原因

477	**tragic** [trǽdʒik] V R L W S	悲劇的な；悲惨な 名 tragedy 悲劇 反 comic 喜劇的な

478	**unpleasant** [ənplézənt] V R L W S	不愉快な；不快にさせる

479	**vicious** [víʃəs] V R	悪徳の；危険な；凶暴な 名 vice 悪行；不道徳

a brutal **murder** 残酷な殺人	☼ 獣のごとく、極めて率直で容赦ないこと
foul-smelling garbage 不快なにおいを放つ生ゴミ	☼ 野球のファウルボール (foul ball) はこの語から
insulting **comments** 侮辱的なコメント	☼ remarks、language など主に《言葉・コメント》と結びつく
a miserable **life** 惨めな生活	☼ 小説『レ・ミゼラブル』の日本での題名は『ああ無情』
offensive **weapons** 攻撃用兵器	☼ オフェンスはスポーツでの攻撃側のこと
savage **tribes** 野蛮な部族	☼ 若者が使うスラングで「(ワイルドさが) かっこ良すぎてやばい」の意味がある
have a sore **throat** のどがひりひり痛い	☼ painful (痛い) より口語的
a tragic **accident** 悲惨な事故	☼ ギリシア悲劇から生じた語句
a very unpleasant **smell** とても不快なにおい	☼ 反対語 pleasant (楽しい、愉快な) も頻出単語
vicious **attacks** 凶悪な攻撃	☼ 動物の荒々しさも表す言葉

DAY
9

143

480	**wicked** [wíkid] V R	邪悪な；不道徳な

17. 熱心な・熱中した／無関心な
熱心チーム4語 VS 無関心チーム2語！ 比べて覚えよう！

481	**absorbed** [æbsɔ́ːrbd] V R L W S	夢中になって；吸収された **動 absorb** 吸収する；夢中にさせる
482	**enthusiastic** [inθùːziǽstik] V R L W S	熱狂的な；熱中している **名 enthusiasm** 熱意；熱中
483	**indifferent** [indífərənt] V R L	無関心な；良くも悪くもない **名 indifference** 無関心
484	**intent** [intént] V R	没頭した；決心した ①**名** 意図 **動 intend** 意図する
485	**reluctant** [rilʌ́ktənt] V R L W S	気が進まない；嫌々ながらの **名 reluctance** 気が進まないこと
486	**thrilled** [θríld] V R L W S	ぞくぞくして **動 名 thrill** ぞくぞくさせる／ぞくぞくする気持ち

18. 激しい・大胆な／優しい・柔順な・控えめな
こちらも反意語で覚える8語。激しめ3：おとなしめ5！！

487	**daring** [déəriŋ] V R	大胆な；勇敢な ①**名** 大胆さ **動 dare** 思い切ってする；大胆にも〜する

a wicked crime 邪悪な犯罪	☆ イギリス人が「最高」の意味でよく使う《スラング》。"Wicked" はブロードウェイのミュージカルタイトルでもおなじみ

She was absorbed in reading 彼女は読書に夢中になっていた。	☆ an enthusiastic Tigar fan で「熱狂的なタイガースファン」
He is enthusiastic about the job. 彼はその仕事に熱心だ。	☆ thus (神) がかり的な情熱がある様子
He is indifferent to politics. 彼は政治に無関心だ。	☆ different (違った) 点がなく、無関心である
He is intent on money-making. 彼はお金儲けに没頭している。	☆ be intent on (〜に没頭している) で覚えよう!
She is reluctant to marry him. 彼女は彼と結婚することに乗り気ではない。	☆ be reluctant to do (しぶしぶ〜する) で覚えよう!
I was thrilled at the news. 私はその知らせにぞくぞくした。	☆ 感動、喜び、恐怖など様々な感情によって起こる

wear a daring dress 大胆なドレスを着る	☆ How dare you! は「よくもそんなことを」と相手の思慮のなさを非難する表現

DAY 9

145

| 488 | **humble**
[hʌ́mbl] V R L W S | 謙虚な；質素な |

| 489 | **intense**
[inténs] V R | 強烈な；熱烈な；感情的な |

| 490 | **intensive**
[inténsiv] V R L W S | 集中的な；徹底的な；激しい
名 intensity 激しさ；強さ
動 intensify ～を強める |

| 491 | **moderate**
[mάdərət] V R L W S | 適度な；節度のある；控えめな
①動 抑える |

| 492 | **modest**
[mάdist] V R L W S | 慎ましい；(規模などが)ほどほどの |

| 493 | **tame**
[téim] V R L | 飼いならされた
①動 飼いならす |

| 494 | **tender**
[téndər] V R L | 優しい；(肉などが)柔らかい |

19. 順応性のある／頑固な
適応性ありが 3 語に対して頑固者が 1 語！

| 495 | **adaptable**
[ədǽptəbl] V R L W | 適応できる；融通の利く
動 adapt 順応させる |

| 496 | **adjustable**
[ədʒʌ́stəbl] V R L W | 調節できる；整えられる
動 adjust 調節する |

a humble home
質素な家

☆ 皮肉やユーモアを込めて卑下する様子

a feeling of intense anger
猛烈な怒りの感情

☆ tense (ピンと張った)、強い力がかかるイメージ

intensive reading
精読

☆ 短時間で多くを行うイメージ

moderate exercise
適度な運動

☆ 反意語は extreme、excessive (極端な)

a modest young woman
慎ましい若い女性

☆ 節度のある様子

DAY
9

tame animals
飼いならされた動物

☆ 反意語は wild (野生の)、単調で退屈な事も表す

a tender care
思いやりのある世話

☆『Love Me Tender』は不朽のラブソング

Employers must be adaptable to change.
雇用主は変化に適応できなければならない。

☆ AC アダプターは電流を機器に合わせて変換する装置

an adjustable table
調節可能なテーブル

☆ just (正確な) 位置にできる様子

497	**flexible** [fléksəbl] ⓋⓇⓁⓌⓈ	柔軟な；融通のきく；適応力のある 名 flexibility 柔軟性
498	**stubborn** [stʌ́bərn] ⓋⓇⓁⓌⓈ	頑固な；断固たる

20. 傾向がある・可能性がある・関係している
習慣から性質、他者との関係や志向などを表す 7 語！

499	**accustomed** [əkʌ́stəmd] ⓋⓇⓁⓌⓈ	(何度も経験して) 慣れている；いつもの
500	**apt** [ǽpt] ⓋⓇⓁ	～しがちである；適性がある
501	**inevitable** [inévətəbl] ⓋⓇⓁⓌⓈ	避けられない；必然的な
502	**inclined** [inkláind] ⓋⓇⓁ	傾いた；傾向のある；関心がある
503	**involved** [inválvd] ⓋⓇⓁⓌⓈ	巻き込む；～に関係している
504	**oriented** [ɔ́ːrièntid] ⓋⓇⓁ	～志向の；～を重視する 名 orientation 方向づけ
505	**spontaneous** [spɑntéiniəs] ⓋⓇⓁ	自然に起こる；自発的な

a flexible schedule 融通の利く予定	💡 フレックスタイム制だと勤務時間が柔軟
a stubborn father 頑固な父親	💡 stub (切り株) のように固い様子

get accustomed to new surroundings 新しい環境に慣れる	💡 custom (習慣) になった様子
He is apt to forget. 彼は忘れっぽい。	💡 be apt to do (〜しがちである) で覚えよう!リスニングで聞き逃しがちな言葉
an inevitable result 必然的な結果	💡 おきまりで意外性に欠けることに用いる
I'm inclined to agree with him. 私は彼に賛成しがちだ。	💡 be inclined to do (〜する傾向がある) で覚えよう!あまり強く主張したくない時に用いる
I got involved in the accident. 事故に巻き込まれた。	💡 in (中に) volve (回る) ので巻き込まれる
an academic-oriented society 学歴志向の社会	💡 オリエンテーションとは新しい環境への順応のための教育指導
a spontaneous action 自発的な行動	💡 a spontaneous welcome で「自然と湧き上がる歓迎の気持ち」

D A Y 9

Review Quiz ⑨　日本語に合うように、空所に英単語を入れましょう。

1 事故に巻き込まれた。
I got _____ in the accident.

2 彼はその仕事に熱心だ。
He is _____ about the job.

3 適度な運動
_____ exercise

4 調節可能なテーブル
an _____ table

5 彼女は彼の健康を心配している。
She is _____ about his health.

6 成熟した女性
a _____ woman

7 攻撃用兵器
_____ weapons

8 みじめな生活
a _____ life

9 私はその知らせにぞくぞくした。
I was _____ at the news.

10 新しい環境に慣れる
get _____ to the new surroundings

正解

1. involved
2. enthusiastic
3. moderate
4. adjustable
5. anxious
6. mature
7. offensive
8. miserable
9. thrilled
10. accustomed
11. unpleasant
12. awful
13. sensible
14. sharp
15. intensive
16. oriented
17. inevitable
18. ashamed
19. alert
20. upset

11 とても不快なにおい

a very _____ smell

12 すさまじい嵐

an _____ storm

13 賢明なアドバイス

_____ advice

14 よく切れるナイフ

a _____ knife

15 精読

_____ reading

16 学歴志向の社会

an academic- _____ society

17 必然的な結果

an _____ result

18 私は自分がしたことが恥ずかしい。

I'm _____ of what I have done.

19 危険を警戒する

_____ to the danger

20 彼はその知らせを聞いて動揺した。

He was _____ to hear the news.

19-20 Outstanding! 英検 2 級余裕合格できるレベル！

17-18 Excellent! 英検 2 級合格レベル。

15-16 Very good!

13-14 Good 英検 2 級はもう一息！

10-12 Fair もっとボキャビルに気合を入れて頑張りましょう!!

Your score

/20

151

21. 安定した
基本語 steady プラス 2 語は、他品詞・派生語も充実！

506	**steady** [stédi] V R L W S	しっかりした；安定した
507	**stable** [stéibl] V R L W S	安定した；一定の ① 名 馬小屋 名 stability 安定 (性)；固定
508	**consistent** [kənsístənt] V R L	矛盾のない；一貫した 名 consistency 一貫性 動 consist 成り立つ；両立する

22. はやい・急な
「はやい」の質の違いを意識しながら覚えていこう！

509	**prompt** [prámpt] V R L	即座の；素早い ① 動 駆り立てる
510	**speedy** [spí:di] V R L W S	速やかな；きびきびした
511	**swift** [swíft] V R L	素早い；迅速な
512	**urgent** [ə́:rdʒənt] V R L W S	至急の；切迫した 動 urge 急き立てる 名 urgency 緊急性

have a steady job 定職についている	💡 関係の安定した恋人をステディという
a stable economy 安定した経済	💡 a sumo stable は「相撲部屋」
make consistent efforts たゆまぬ努力をする	💡 反意語は inconsistent (一貫性のない)

give a prompt answer 即答する	💡 応答や反応の素早さをいう
make a speedy recovery 速やかな回復をする	💡 speed (速さ) がある様子
take a swift action 迅速な対応を取る	💡 動きが速く、滑らかなイメージ
an urgent need 差し迫った必要性	💡 非常事態 (emergency) ではない急ぎの状態

D
A
Y
10

153

23. 分離・独立した
「孤立」か「唯一」か「孤独」か…ニュアンスを見極めよう!

513	**isolated** [áisəlèitid] V R L W S	孤立した ① 動 孤立させる 名 isolation 孤立
514	**sole** [sóul] V R L	唯一の;単独の 名 solely 単独で;単に
515	**solitary** [sálətèri] V R L	孤独な;寂しい ① 名 世捨て人 名 solitude 孤独;寂しさ

 ## 24. あいまいな/明らかな
あいまいチーム6語 VS 明らかチーム2語! 比べてみよう!

516	**apparent** [əpǽrənt] V R L	明白な;表面上の 動 appear 見える;現れる
517	**dim** [dím] V R L	薄暗い;(記憶などが)ぼんやりした 動 dim (明かりを)薄暗くする
518	**faint** [féint] V R L	かすかな;弱々しい ① 動 気絶する
519	**neutral** [njú:trəl] V R L W S	中立の;公平な
520	**obscure** [əbskjúər] V R L	不明瞭な;あいまいな 名 obscurity あいまいさ;不明瞭な点 ① 動 あいまいにする

an isolated island 孤立した島	💡 看護の場で、感染者の隔離のことを「アイソレーション」という
the sole survivor 唯一の生存者	💡 イタリア語の solo (ソロ、独唱) と語源は同じ
live a solitary life 孤独な生活を送る	💡 alone (一人で) よりも寂しさが強調される

The fact is apparent to everyone. その事実は誰の目にも明らかだ。	💡 It is apparent that ～ (～が明白である) の形も重要!
dim lights 薄暗い明かり	💡 dim the lights (灯明を落とす) の動詞用法もある
faint colors 淡い色彩	💡 I don't have the faintest idea. (全く見当がつかない) は良く使われる表現
a neutral position 中立の立場	💡 オートマ車のギアのNはニュートラルのこと
an obscure reason あいまいな理由	💡 an obscure player(無名の選手) の様にあまり人に知られていないという意味も

DAY 10

155

521	**obvious** [ábviəs] V R L W S	明白な；見てすぐわかる；露骨な
522	**subtle** [sʌ́tl] V R L W S	微妙な；かすかな；器用な
523	**vague** [véig] V R L W S	漠然とした；はっきりとしない

25. 小さい・細い・繊細な・弱い・疲れた
ネガティブなニュアンスが多いが slender のような褒め表現も！

524	**delicate** [délikət] V R L W S	繊細な；微妙な 名 delicacy 繊細さ；美味
525	**exhausted** [igzɔ́:stid] V R L	疲れ果てた；消耗した 動 exhaust 使い果たす；消耗させる
526	**fatigued** [fətí:gd] V R L	疲労した；疲れ果てた 動名 fatigue 疲労させる／疲労
527	**fragile** [frǽdʒəl] V R L	壊れやすい；もろい
528	**helpless** [hélplis] V R L W S	無力な；無能な
529	**slender** [sléndər] V R L W S	すらりとした；細長い

obvious differences in power 明らかな力の差	💡 It is obvious that ~ (~は明らかだ) は重要構文
subtle differences 微妙な違い	💡 a subtle approach (巧妙なやり方) も重要、発音に注意!
vague ideas 漠然とした考え	💡 clear (明らかな) の対義語
a delicate skin 敏感肌	💡 「デリケート」はよく使われる言葉
I'm exhausted from work. 私は仕事で疲れ果てた。	💡 元々あった蓄えを使い果たした状態を表す
He got fatigued from driving. 彼は運転で疲労してしまった。	💡 これ以上ないほど消耗した状態
a fragile glass case 割れやすいガラスのケース	💡 小包の FRAGILE は「割れ物注意」の表示
a helpless baby 無力な赤ん坊	💡 help (助け) が less (ない) こと
a slender body すらりとした身体	💡 痩せた人に対して slender は誉め言葉になるが skinny は失礼な表現

**D
A
Y
10**

157

530	**trivial** [tríviəl] V R L	ささいな；とるに足らない

26. 複雑な・凝った
3 語それぞれのニュアンスをチェックしよう！

531	**complex** [kəmpléks] V R L W S	複雑な；複合の ① 名 [kámpleks] 複合体；コンプレックス
532	**complicated** [kámpləkèitid] V R L W S	込み入った；困難な 動 complicate 困難にする；複雑になる
533	**elaborate** [ilǽbərət] V R L	手の込んだ；複雑な；精巧な

27. 社会・政治・法律・倫理
社会問題について英語で読む際非常によく出てくる 13 語！

534	**conservative** [kənsə́ːrvətiv] V R L W S	保守的な；控え目な 動 conserve 保存する；保護する
535	**conventional** [kənvénʃənl] V R L	慣習的な；従来の；形にはまった 名 convention 慣習；集会
536	**divine** [diváin] V R	神による；神聖なる
537	**diplomatic** [dìpləmǽtik] V R L W S	外交上の；外交的な 名 diplomacy 外交 名 diplomat 外交官

a trivial matter
ささいなこと

💡「トリビア」とは豆知識のこと

the complex system of the human body
複雑な人体の仕組み

💡 シネマコンプレックスは複数のスクリーンを持つ映画館のこと

a complicated problem
込み入った問題

💡 complex よりくだけた表現

an elaborate design
手の込んだデザイン

💡 labor（労働）して作り上げた精巧さがある

D
A
Y
10

a conservative government
保守政権

💡 コンサバファッションはバブル期に大流行

conventional business models
従来型のビジネスモデル

💡 電子レンジに対して従来型オーブンを conventional oven と呼ぶ

the divine beauty of the queen
女王の神がかった美しさ

💡 div（神）の性質を持った、ダンテの「神曲」は Divine Comedy

diplomatic relations
外交関係

💡 diploma（公文書）に外交問題が多かったことから

538	**domestic** [dəméstik] V R L W S	国内の；家庭の
539	**entitled** [intáitld] V R	権利がある；～と題された **動 entitle** 権利を与える；表題をつける
540	**ethical** [éθikəl] V R L W S	倫理的な；道徳的な **名 ethics** 倫理学
541	**global** [glóubəl] V R L W S	世界的な；地球規模の
542	**illegal** [ilí:gəl] V R L W	違法の；規則違反の **反 legal** 法律の
543	**liberal** [líbərəl] V R L W S	自由主義の；寛容な **名 liberty** 自由 **動 liberate** 自由にする；解放する
544	**military** [mílitèri] V R L W S	軍事的な ①**名** 正規軍
545	**racial** [réiʃəl] V R L W S	人種の；人種的な **名 race/racism** 人種；競争／人種差別
546	**sacred** [séikrid] V R L W	神聖な；尊い；厳粛な

DV (domestic violence)
家庭内暴力

💡 domestic animals は「人に飼育される動物」

be entitled to the benefit
その給付を受ける権利がある

💡 title (タイトル) を与えるから

an ethical problem
倫理上の問題

💡 moral よりも更に強い正義の概念を持つ様子

global warming
地球温暖化

💡 長文、エッセイの頻出単語！

illegal drugs
違法薬物

💡 il は否定の接頭辞。in、im などと同じ

liberal arts
(大学の) 一般教養科目

💡 自民党は the Liberal Democratic Party

D A Y 10

military forces
軍事力

💡 文 (civil) に対しての武のこと

racial discrimination
人種差別

💡 race (人種) が語幹

a sacred mountain
聖なる山

💡 sacr (神聖な) が語幹。他に sacrifice (いけにえ) など

28. 時間
「時代」や「新旧」「これから」など「時」を表す9語

547	**contemporary** [kəntémpərèri] V R L W S	現代の；同時代の
548	**current** [kə́:rənt] V R L W S	最新の；流通している ① 名 流れ 副 currently 最近は 名 currency 通貨；普及
549	**eternal** [itə́:rnl] V R L W S	永遠の；不変の 名 eternity 永遠
550	**latest** [léitist] V R L W S	最新の；一番遅い
551	**medieval** [mì:dí:vəl] V R L	中世の；中世風の
552	**primitive** [prímətiv] V R L	原始的な；未開の
553	**prior** [práiər] V R L W S	先立って；優先的な 名 priority 優先
554	**subsequent** [sʌ́bsikwənt] V R	続いて起こる；次の
555	**temporary** [témpərèri] V R L W S	一時的な；長く続かない 副 temporarily 一時的に

a contemporary dance 現代舞踊	💡 tempo（時）を con（共に）する
current topics 最新の話題	💡 最新の（流行）、流通、通貨など、流れのあるイメージの語句が連想できる
eternal love 永遠の愛	💡 長い歴史を持つローマは the Eternal City（永遠の都）と呼ばれている
the latest news 最新のニュース	💡 生じたのが最も late（遅い）ので最新である
a medieval castle 中世の城	💡 中世は古代と近代の medi（中間）の時代
primitive culture 原始文明	💡 prim（最初）から。他に primary（初期の）
prior to his arrival 彼の到着に先立って	💡 prior to ～（～に先立って）で覚えよう！発音に注意！
subsequent events 続いて起こった出来事	💡 アクセントに注意！
a temporary closure 臨時休業	💡 tempo は 時 に 関 す る、contemporary（同時代の）など

D
A
Y
10

163

Review Quiz ⑩ 日本語に合うように、空所に英単語を入れましょう。

1 割れやすいガラスのケース

a ＿＿＿＿＿＿＿＿＿ glass case

2 差し迫った必要性

an ＿＿＿＿＿＿＿＿＿ need

3 最新の話題

＿＿＿＿＿＿＿＿＿ topics

4 地球温暖化

＿＿＿＿＿＿＿＿＿ warming

5 込み入った問題

a ＿＿＿＿＿＿＿＿＿ problem

6 私は仕事で疲れ果てた。

I'm ＿＿＿＿＿＿＿＿＿ from work.

7 軍事力

＿＿＿＿＿＿＿＿＿ forces

8 微妙な違い

＿＿＿＿＿＿＿＿＿ differences

9 漠然とした考え

＿＿＿＿＿＿＿＿＿ ideas

10 その事実は誰の目にも明らかだ。

The fact is ＿＿＿＿＿＿＿＿＿ to everyone.

正解

1. fragile	7. military	14. delicate
2. urgent	8. subtle	15. domestic
3. current	9. vague	16. temporary
4. global	10. apparent	17. eternal
5. complicated	11. stable	18. divine
6. exhausted	12. racial	19. isolated
	13. neutral	20. prior

164

11 安定した経済

a _____ economy

12 人種差別

_____ discrimination

13 中立の立場

a _____ position

14 敏感肌

a _____ skin

15 家庭内暴力

_____ violence

16 臨時休業

a _____ closure

17 永遠の愛

_____ love

18 女王の神がかった美しさ

the _____ beauty of the queen

19 孤立した島

an _____ island

20 彼の到着に先立って

_____ to his arrival

19-20 Outstanding! 英検2級余裕合格できるレベル！

17-18 Excellent! 英検2級合格レベル。

15-16 Very good!

13-14 Good 英検2級はもう一息！

10-12 Fair もっとボキャビルに気合を入れて頑張りましょう!!

Your score

/20

英検2級　頻出必須コロケーションはこれだ！

□ 問題を解決する
× solve a question /answer a problem /solve an issue
→ ○ **solve a problem / answer a question / resolve an issue**

□ 状況を改善する
× improve a problem → ○ **improve the situation**

□ 子供を育てる　× grow children → ○ **bring up / raise children**

□ 理由を述べる　× say / tell a reason → ○ **give a reason**

□ ～に影響を与える
× give an effect on ～ → ○ **have an effect on ～**

□ ～に損害を与える
× give damage to ～ → ○ **cause / do damage to ～**

□ 運動をする　　× play exercise → ○ **do / take exercise**

□ 多くの人口　　× many population → ○ **large population**

□ ミスを犯す　　× do a mistake → ○ **make a mistake**

□ 事故に遭う
× meet an accident → ○ **[have / get involved in] an accident**

□ 高／低価格
× expensive / cheap price → ○ **high / low price**

□ 犯罪を防ぐ　　× avoid crime → ○ **prevent crime**

□ 交通量が多い × many traffic → ○ **heavy traffic**

□ 生活費　　　　× the cost of life → ○ **the cost of living**

□ 技術を高める × raise one's skill → ○ **improve one's skill**

□ ルールを守る × protect rules → ○ **observe / follow rules**

□ ストレスを感じる
× feel stressful → ○ **feel stress / feel stressed out**

□ 解決策を見つける
× discover a solution → ○ **find a solution**

□ 痛みを感じる × feel painful → ○ **feel pain**

□ 重い病気　　　× heavy illness → ○ **serious illness**

- ❑ × enviroment → ○ environment (環境)

- ❑ × goverment → ○ government (政府)

- ❑ × profesional / profesor
  → ○ professional / professor (プロの/教授)

- ❑ × succes / succesful
  → ○ success / successful (成功/成功している)

- ❑ × deside / desicion → ○ decide / decision (〜を決める/決定)

- ❑ × reserch → ○ research (研究、リサーチ)

- ❑ × necesary / necesarily
  → ○ necessary / necessarily (必要な/必然的に)

- ❑ × adress → ○ address (〜 (課題など) に取り組む)

- ❑ × recomend / recomendation
  → ○ recommend / recommendation (〜をすすめる/推薦)

- ❑ × occured → ○ occurred (occur「起こる」の過去、過去分詞)

- ❑ × relyable → ○ reliable (信頼できる)

- ❑ × busines → ○ business (仕事、ビジネス)

- ❑ × analisis / analize → ○ analysis / analyze (分析/分析する)

- ❑ × expirience → ○ experience (経験)

- ❑ × cricis → ○ crisis (危険)

- ❑ × psichology → ○ psychology (心理学)

- ❑ × acomodation → ○ accommodation (住居、宿泊施設)

- ❑ × oportunity → ○ opportunity (機会)

- ❑ × forein → ○ foreign (外国の)

- ❑ × restrant → ○ restaurant (レストラン)

29. 地方・都会の
都会 VS 地方で2語：2語！ まとめて覚えちゃおう！

556	**rural** [rúərəl] ⓥⓇⓁⓌⓈ	田舎の；田園の
557	**urban** [ə́:rbən] ⓥⓇⓁⓌⓈ	都会の；都市の
558	**metropolitan** [mètrəpálitən] ⓥⓇⓁⓌⓈ	大都市の ①名 大都会の住民 名 metropolis 大都市；メトロポリス
559	**regional** [rí:dʒənl] ⓥⓇⓁⓌⓈ	地域の；地区の 名 region 地域；区域

30. 言語・知見
ことばや音に関連する6語。つながりを意識しながら覚えよう！

560	**audible** [ɔ́:dəbl] ⓥⓇ	聞き取れる；可聴音の
561	**fluent** [flú:ənt] ⓥⓇⓁⓌⓈ	(言葉・動きなどが) なめらかな；流暢な 名 fluency 流暢さ
562	**invisible** [invízəbl] ⓥⓇⓁ	目に見えない；無視された
563	**oral** [ɔ́:rəl] ⓥⓇⓁⓌ	口頭の；口腔の

live in rural **areas**
田舎に住む

💡 良い意味での田舎を意味する

urban air pollution
都市部の大気汚染

💡 suburban (郊外の) も一緒に覚えよう!

the metropolitan **police**
都市警察 (警視庁)

💡 ニューヨークのメトロポリタン美術館は世界有数の私立美術館

boost the regional **economy**
地域経済を刺激する

💡 local (地元の) よりも堅い表現、より広い地域を表す

audible to the human ear
人間の耳に聞こえる

💡 audi (聞く) ことが ble (できる)

She is fluent **in English**
彼女は英語が流暢である。

💡 flu (流れる) ようになめらかな様子

invisible to the naked eye
肉眼で見えない

💡 invisible hand (見えざる手) は経済学者アダム・スミスが用いた競争市場の象徴的表現

an oral **exam**
口頭試験

💡 オーラルケアは口の中の手入れのこと

169

| 564 | **verbal** [və́:rbəl] V R L W | 言葉の；言葉による |
| 565 | **vocal** [vóukəl] V R L W S | 音声の；声の |

31. サイエンス・自然
ニュースやドキュメンタリー番組などで出てくることが多い！

566	**acid** [ǽsid] V R L W S	酸性の；酸味のある ① 名 酸
567	**artificial** [à:rtəfíʃəl] V R L W S	人工の；不自然な
568	**chemical** [kémikəl] V R L W S	化学の ① 名 化学薬品 名 chemistry 化学
569	**crude** [krú:d] V R L	粗野な；荒削りの；未加工の
570	**damp** [dǽmp] V R L	湿った；じめじめした ① 名 湿気
571	**dense** [déns] V R L	密集した；濃い 名 density 密度；濃度
572	**moist** [mɔ́ist] V R L W S	（わずかに）湿った；潤った 名 moisture 潤い

verbal communication 言葉によるコミュニケーション	💡 文法用語で verb (言葉) は動詞のこと
an amazing **vocal** range 驚くべき声域	💡 バンドの歌担当をボーカルという
acid rain 酸性雨	💡 sour はおいしい酸っぱさだが acid は好ましくない酸味
AI (artificial intelligence) 人工知能	💡 art (技) で作ったから
a **chemical** reaction 化学反応	💡 ケミカルウォッシュはデニムを薬剤で脱色する加工
crude oil 原油	💡 元々「生の」という意味から、粗野で荒々しいことを指すようになった
damp weather じめじめした天候	💡 不快な湿り気を表す
a **dense** forest 密林	💡 口語で、密集して見通しが悪い様子から、のみ込みの悪いことを表す
moist air 湿った空気	💡 不快感のない湿り気を表す

171

573	**nuclear** [njú:kliər] V R L W S	核の；原子力の
574	**pregnant** [prégnənt] V R L W S	妊娠している 名 pregnancy　妊娠
575	**raw** [rɔ́:] V R L W S	生の；加工されていない
576	**shallow** [ʃǽlou] V R L W S	浅い；浅はかな ①名 浅瀬 反 deep　深い
577	**stiff** [stíf] V R L W S	堅い；厳しい；(筋肉などが) 凝った
578	**technological** [tèknəládʒikəl] V R L W S	科学技術の；技術的な 名 technology　科学技術；テクノロジー

32. その他、物理的状況
形容詞ラストは、対象物の物理的な状態を主に表す15語！

579	**accidental** [æksədéntl] V R L W S	偶然の；予想外の 名 accident　事故；偶然の出来事
580	**blank** [blǽŋk] V R L W S	空白の；空虚な ①名 空欄　①動 消し去る
581	**external** [ikstə́:rnl] V R L W	外部の；外形上の

nuclear weapons 核兵器	💡 核兵器は略して nuke という
She is six months pregnant. 彼女は妊娠6か月だ。	💡 gnant (生まれる) pre (前) の様子
eat raw fish 生魚を食べる	💡 raw material は「原材料」
have a shallow knowledge of politics 政治に浅い知識がある	💡 レディ・ガガの『Shallow』は人間関係の深まりを歌ったヒット曲
have a stiff shoulder 肩が凝っている	💡 a stiff competition は「厳しい競争」
achieve technological development 科学技術の発展を実現する	💡 長文問題によく出る表現！
accidental damage 事故による損害	💡 本来 accident は良い事も悪い事も含む
a blank page 空白のページ	💡 フランス語の blanc (白) が語源
an external trade 対外貿易	💡 反意語は internal (内部の)

173

582	**horizontal** [hɔ̀:rəzántl] ⓋⓇⓁⓌ	水平の；地平線上の 名 horizon　水平線；地平線 反 vertical　垂直の
583	**internal** [intə́:rnl] ⓋⓇⓁⓌⓈ	内部の；内面的な
584	**manual** [mǽnjuəl] ⓋⓇⓁⓌⓈ	手動の；肉体の ❗名 手引書
585	**mobile** [móubəl] ⓋⓇⓁⓌⓈ	移動可能な；動きのある 名 mobility　動きやすさ；流動性 ❗名 モバイル
586	**neat** [ní:t] ⓋⓇⓁⓌⓈ	きちんとした；整頓された
587	**random** [rǽndəm] ⓋⓇⓁⓌⓈ	手当たり次第の；無作為な
588	**secondhand** [sékəndhǽnd] ⓋⓇⓁⓌⓈ	間接の；中古の
589	**solid** [sálid] ⓋⓇⓁⓌⓈ	固体の；純粋の；信頼できる ❗名 固形物 反 liquid　液体の
590	**tidy** [táidi] ⓋⓇⓁⓌⓈ	きちんと片付いた；整頓された
591	**transparent** [trænspéərənt] ⓋⓇⓁⓌ	透き通った；明白な

a horizontal line
水平な線

💡 i の発音に注意!

internal affairs
国内問題

💡 inter (内側) から。他に interior (屋内の) など

manual labor
肉体労働

💡 マニュアルは日本でも良く使われる言葉

a mobile phone
携帯電話

💡 品詞による発音の違いに注意!

neat handwriting
整った筆跡

💡 neat and tidy (きちんと整って) のフレーズも重要!

a random selection
無作為な選択

💡 at random(アトランダム) とは「無作為に」という意味

secondhand books
古本

💡 second (2 番目の) hand (手) に渡った

solid gold
純金

💡 中身が詰まって固い様子

a tidy room
きちんと片付いた部屋

💡 Tidy it up! (お片付けしなさい) は親が子供によく言う言葉

a transparent blouse
透けるブラウス

💡 trans (越えて) parent (現れる) から

592	**vacant** ☐ ☐ [véikənt] V R L W S	空いている；使用されていない 名 vacancy 空虚；空室
593	**vertical** ☐ ☐ [vá:rtikəl] V R	垂直の；頂点の；縦の 反 horizontal 水平の

a vacant seat
空席

💡 器はあるが中身がない状態

a vertical line
垂直な線

💡 「バーチカル手帳」は縦に時間軸が
あるレイアウト

177

1. 正確に・はっきりと
日本語の意味を見比べてニュアンスをつかんでみよう！

594	**definitely** [défənətli] `V R L W S`	確かに；明確に 形 **definite** 明確な；確実な
595	**exactly** [igzǽktli] `V R L W S`	厳密に；まさにその通り 形 **exact** ぴったりの；正確な
596	**literally** [lítərəli] `V R L`	文字通りに；(強意的に) 本当に 形 **literal** 文字通りの
597	**precisely** [prisáisli] `V R L`	正確に；まさに；ちょうど 形 **precise** 正確な

2. それゆえに・つまり
例文も使ってニュアンスをしっかりつかみ取ろう！

598	**accordingly** [əkɔ́ːrdiŋli] `V R L`	それに応じて；それゆえに 動 名 **accord** 一致する；調和する／一致；調和
599	**consequently** [kánsəkwèntli] `V R`	その結果として；したがって 名 **consequence** (続いて起こる・必然的な) 結果；成り行き
600	**furthermore** [fə́ːrðərmɔ̀ːr] `V R L W`	その上；さらに
601	**namely** [néimli] `V R L`	すなわち；つまり

DAY 11

If you are persistent, you will definitely improve your English.
強い思いを持ってやれば必ずあなたの英語は上達しますよ。

☿ Definitely!「勿論です」はかなり自信がある時の返答

That's exactly what I mean.
それが正に私が言いたかった事です。

☿ Exactly! (まさに) はよく使う相槌

Don't take it too literally.
あまり文字通りに受け取らないように。

☿ translate literally で「直訳する」

---

precisely analyzed data
正確に分析されたデータ

☿ Precisely! (まさに) も相づちの定番

When we receive your instructions, we will act accordingly.
指示があればそのように致します。

☿ according to~「~によれば；~に従って」も覚えよう!

He worked so hard, and consequently made a high salary.
彼は熱心に働いて、その結果高い給料を手に入れた。

☿ as a result (結果として) との言いかえも重要、sequent は「続いて起こる」という意味

This book is interesting. Furthermore, it is instructive.
この本は面白い。その上ためになる。

☿ futher (さらに遠く) + more (より多く)

Two suspects were arrested, namely John and Tom.
二人の容疑者が逮捕された、すなわち名前はジョンとトムだ。

☿ 人の実名や物の名称を明かす時に用いられる。that is や that is to say との言いかえも重要!

Review Quiz ⑪ 日本語に合うように、空所に英単語を入れましょう。

1 田舎に住む
live in _____ areas

2 肉眼で見えない
_____ to the naked eye

3 酸性雨
_____ rain

4 密林
a _____ forest

5 生魚を食べる
eat _____ fish

6 人工知能
_____ intelligence

7 原油
_____ oil

8 水平な線
a _____ line

9 空白のページ
a _____ page

10 空席
a _____ seat

正解

1. rural	7. crude	14. chemical
2. invisible	8. horizontal	15. damp
3. acid	9. blank	16. nuclear
4. dense	10. vacant	17. random
5. raw	11. vertical	18. secondhand
6. artificial	12. manual	19. technological
	13. urban	20. internal

180

11 垂直な線

a _____ line

12 肉体労働

_____ labor

13 都市部の大気汚染

_____ air pollution

14 化学反応

a _____ reaction

15 じめじめした天候

_____ weather

16 核兵器

_____ weapons

17 無作為な選択

a _____ selection

18 古本

_____ books

19 科学技術の発達を実現する

achieve _____ development

20 国内問題

_____ affairs

19-20 Outstanding! 英検2級余裕合格できるレベル！

17-18 Excellent! 英検2級合格レベル。

15-16 Very good!

13-14 Good 英検2級はもう一息!

10-12 Fair もっとボキャビルに気合を入れて頑張りましょう!!

Your score

/20

3. 最後に・直ちに・徐々に・その間に
時間経過やタイミングなどにまつわる7語。ニュアンスをチェック！

602	**eventually** [ivéntʃuəli] V R L	最後に；ついに；結局 形 eventual 結果として起こる；最後の
603	**gradually** [grǽdʒuəli] V R L W S	徐々に；段階的に 形 gradual 徐々の；漸進的な
604	**immediately** [imí:diətli] V R L W S	直ちに；すぐに；直接に 形 immediate 即時の；直近の
605	**increasingly** [inkrí:siŋli] V R L W	ますます；だんだん 名 increase 増加；上昇
606	**instantly** [ínstəntli] V R L W S	その瞬間に；即座に 名形 instant 瞬間／瞬時の
607	**meanwhile** [mí:n(h)wàil] V R L W	その間に；一方では ⚠ 名 合間
608	**temporarily** [tempərérəli] V R L W S	一時的に；仮に；しばらく 形 temporary 一時的な；仮の；はかない

4. 本当に・実際は・ただ単に
ホンネやぶっちゃけたところなどを表す6語。まとめて覚えて！

| 609 | **frankly**
[frǽŋkli] V R L W S | 率直に；実のところ
形 frank 率直な |

He eventually became the president of the company.
彼はとうとう社長の座に就いた。

💡 in the end と言い換え可能

The patient's condition is gradually improving.
その患者の容態は徐々に回復している。

💡 grade（段階）から、a gradual approach で「段階的なアプローチ」

Something must be done immediately.
何かすぐに手を打たなければならない。

💡 an immediate answer で「即答」

The world is increasingly globalized.
世の中はますますグローバル化している。

💡 more and more と言い換え可能

The medicine works instantly.
その薬はすぐに効く。

💡 「インスタントコーヒー」や「インスタントラーメン」でおなじみ

Meanwhile, the famine in the area became unbearable.
その間、その地域の飢餓は耐え難いものとなった。

💡 in the meanwhile（= in the meantime）「そうしてるうちに」も覚えよう！

The street was temporarily closed.
その通りは一時的に閉鎖されていた。

💡 for a short time（少しの間）と言い換えられる

Frankly speaking, I don't like him.
率直に言えば、私は彼が好きではない。

💡 to be frank with you（正直に言うと）は頻出表現

183

610	**indeed** [indíːd] V R L W	確かに；実際
611	**simply** [símpli] V R L W S	単に；質素に
612	**merely** [míərli] V R	単に；ただ 形 mere 単なる
613	**sincerely** [sinsíərli] V R L W S	心から；本当に 形 sincere 心からの
614	**virtually** [və́ːrtʃuəli] V R	(本当は違うが) 事実上；実際上は； 仮想的に 形 virtual 事実上の；仮想の

5. 程度・頻度
頻度の強さ弱さを意識しながら覚えよう！

615	**approximately** [əpráksəmətli] V R L	およそ；ほぼ 形動 approximate おおよその／概算する
616	**frequently** [fríːkwəntli] V R L W	頻繁に；たびたび 形 frequent 頻繁な；たびたびの
617	**occasionally** [əkéiʒənəli] V R L	時折；たまに 形 occasional 時折の；たまの 名 occasion 機会；出来事
618	**scarcely** [skέərsli] V R L W S	ほとんど〜ない；かろうじて

He is, indeed, a respectable man.
確かに彼は尊敬できる人だ。

※ Yes, indeed! 「まったくだ、本当に！」は相手の話に対して同調、強調する時に使う表現

The view is simply beautiful.
その眺めはとにかく美しい。

※ 関連語の simplify 「簡単にする、簡略化する」も覚えよう！

DAY 12

It is merely a nightmare.
それは単なる（単に）悪夢だ。

※ only や just とほぼ同じ意味だが merely の方が形式的。

I sincerely apologize for the delay.
遅れたことを心よりお詫びします。

※ Sincerely yours は「敬具（手紙の結びの文句）」

The two things are virtually the same.
それらの2つの物は事実上同じだ。

※ VR（バーチャル・リアリティ）は「仮想現実」のこと

Approximately one-third of the world population has no access to clean water.
世界人口の約三分の一の人がきれいな水を入手できない

※ about のフォーマルな表現

Earthquakes occur frequently in Japan.
日本では地震が頻繁に起こる。

※ often のフォーマルな表現、a frequent flyer で「頻繁に飛行機を利用する人」

She occasionally comes to see me.
彼女は時折私に会いに来る。

※ 熟語で表現すると once in a while

There is scarcely any water left.
水はほとんど残ってない。

※ scarcely ～ when[before] …（～するやいなや…）の形でよく用いられる

185

6. 反対に・〜にもかかわらず
otherwise は会話でもよく使われる超頻出語！

619	**otherwise** [ʌ́ðərwàiz] V R L	さもなければ；別のやり方で
620	**contrary** [kántreri] V R L W S	反対に；逆に ① 名 反対 ① 形 反対の；逆の
621	**nevertheless** [nèvərðəlés] V R	それにもかかわらず；それでも
622	**regardless** [rigáːrdləs] V R L	(困難など) かまわずに；とにかく

7. 場所・方向
位置関係をイメージしながらまとめて覚えちゃおう！

623	**beneath** [biníːθ] V R	〜の下で；〜の下の方に ① 前 〜の下で；〜の下の方に
624	**upright** [ʌ́pràit] V R L W S	直立して；まっすぐに ① 名 直立 ① 形 直立の
625	**via** [váiə/víːɑ] V R L	〜経由で；〜によって

You'd better hurry, otherwise you'll miss the train. 急いだ方がいい、さもないと電車に遅れるよ。	☼ if not (さもなければ) と言い換えられる。うしろにはネガティブな内容がくる
Contrary to all our expectations, he found a well-paid job. 我々の予想に反して彼は良い仕事に就いた。	☼ on the contrary「それどころか」も覚えよう！
It was raining heavily. Nevertheless, he went out. 激しく雨が降っていた。それでも彼は出かけた。	☼ 文頭・文末に限らず用いられる語
The company employs engineers regardless of age. その会社は年齢に関わらず技術者を雇用する。	☼ regard (関心) + less (ない)、regardless of experience で「経験不問」

The Yamashita treasure is buried beneath. 山下財宝が下に埋まっている。	☼ neath は「下」の意味がある、類語は underneath
He was standing upright. 彼は直立して立っていた。	☼ up (上に) + right (まっすぐ) より
This time, I'm taking a flight to London via Paris. 今回はパリ経由でロンドンへ飛びます。	☼ 国際郵便の via airmail (航空便で) でおなじみ

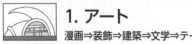

1. アート

漫画⇒装飾⇒建築⇒文学⇒テーマ⇒作品⇒彫刻…と、流れで覚えていこう!

626	**cartoon** [kɑrtúːn] Ⅴ Ⅴ Ⅴ Ⅴ Ⅴ	風刺漫画；アニメ映画
627	**decoration** [dèkəréiʃən] Ⅴ Ⅴ Ⅴ Ⅴ Ⅴ	飾り付け；装飾 **動** decorate 装飾する
628	**ornament** [ɔ́ːrnəmənt] Ⅴ Ⅴ Ⅴ	装飾品；装身具 **①動** ~を飾る
629	**architect** [ɑ́ːrkətèkt] Ⅴ Ⅴ Ⅴ Ⅴ Ⅴ	建築家；設計者；立案者
630	**architecture** [ɑ́ːrkətèktʃər] Ⅴ Ⅴ Ⅴ Ⅴ Ⅴ	建築；建築様式 **形** architectural 建築の
631	**construction** [kənstrʌ́kʃən] Ⅴ Ⅴ Ⅴ	建設；建物 **動** construct ~を組み立てる；建設する **形** constructive 建設的な；構造の
632	**literature** [lítərətʃər] Ⅴ Ⅴ Ⅴ Ⅴ	文学（作品）；論文 **形** literate 読み書きができる
633	**theme** [θíːm] Ⅴ Ⅴ Ⅴ Ⅴ Ⅴ	主題；テーマ
634	**masterpiece** [mǽstərpìːs] Ⅴ Ⅴ Ⅴ	傑作；芸術家などの代表作

cartoon characters
漫画アニメキャラクター

💡 cart (紙) から、他に card (カード) など

interior decorations
室内装飾品

💡「デコる」とは、ラインストーンなどで物を飾ること

Christmas ornaments
クリスマスの飾り

💡 比較的小さく、付け加えられた装飾品のこと

the architect of the building
建物の建築家

💡 ch の発音に注意！

modern architecture
現代建築

💡 アーキテクチャーは IT 業界では「設計概念」を意味する

construction of an airport
空港の建設

💡 under construction (工事中) は必須表現

French literature
フランス文学

💡 liter は letter (文字) のこと、literally (文字通り) も頻出単語

the theme of the book
その本の主題

💡 theme park (テーマパーク) など、発音に注意！

timeless masterpiece
不朽の名作

💡 master (名人の) piece (作品)

| 635 | **sculpture** [skʌ́lptʃər] V R L | 彫刻 ① 動 彫刻する |

2. 愛情・親切
恋愛がらみの「愛」だけでなく、共感や礼儀、慈悲など、他者との素敵なつながりを表すグループ

| 636 | **affection** [əfékʃən] V R L | 愛情；愛着 形 affectionate 愛情のある；やさしい |

| 637 | **sympathy** [símpəθi] V R L | 同情；共感 形 sympathetic 同情に満ちた；共感する 動 sympathize 同情する |

| 638 | **courtesy** [kə́ːrtəsi] V R | 礼儀；丁寧さ；優遇 |

| 639 | **generosity** [dʒènərásəti] V R | 寛大さ；寛容な行い 形 generous 気前の良い；寛大な |

| 640 | **conscience** [kánʃəns] V R | 良心；罪悪感 |

| 641 | **mercy** [mə́ːrsi] V R L | 慈悲；容赦；情け 形 merciful 慈悲深い；情け深い |

| 642 | **hospitality** [hàspətǽləti] V R L W S | 歓迎；もてなし |

a bronze sculpture
ブロンズ彫刻

💡 sculpture は彫刻全般、statute はその中でも人や動物の像

D
A
Y
12

a deep affection **for my son**
息子に対する深い愛情

💡 穏やかで変わらない愛情のこと

feel sympathy **for her husband**
彼女の夫に同情する

💡 sym(共に)あるという path(感情)を持つこと、a letter of sympathy は「お悔やみ状」

have the courtesy **to call in advance**
事前に電話をする礼儀をわきまえる

💡 ホテルなどが客を送迎する無料バスを courtesy bus と呼ぶ

his generosity **to the poor**
貧しい人々への彼の寛大な行い

💡 高貴な gener (生まれ) で寛大であること。show generosity to (toward) (〜に対して寛大さを示す)

have a guilty conscience
良心がとがめる

💡 conscious (意識して) との混同に注意!

beg for mercy
赦しを請う

💡 at the mercy of 〜で「〜のなすがままに」

warm hospitality **to tourists**
観光客へのあたたかいもてなし

💡 hospital (病院) は元々、客をもてなす場所を指す

3. 機器・身の回りのもの

「顕微鏡」なども混ざっていますが、大きく分けて「日用品」グループ。ブツを頭に浮かべて覚えよう！

643	**grocery** [gróusəri] ⓋⓇⓁⓌⓈ	食料品；食料雑貨店
644	**equipment** [ikwípmənt] ⓋⓇⓁⓌⓈ	設備；装備；道具 🔲 equip 〜に（必要なものを）備える
645	**appliance** [əpláiəns] ⓋⓇⓁⓌⓈ	（家庭用の）電気器具
646	**cradle** [kréidl] ⓋⓇ	ゆりかご；発祥地
647	**luggage** [lʌ́gidʒ] ⓋⓇⓁⓌⓈ	旅行かばん；手荷物
648	**microscope** [máikrəskòup] ⓋⓇⓁ	顕微鏡
649	**telegram** [téligræm] ⓋⓇⓁⓌⓈ	電報 ❗🔲 電報を打つ
650	**thermometer** [θərmámətər] ⓋⓇⓁ	温度計；体温計
651	**thread** [θréd] ⓋⓇⓁ	糸；筋 ❗🔲 穴に（糸などを）通す

a grocery store 食料品店	💡 規模が大きい grocery store を supermarket という
camping equipment キャンプの装備	💡 equipment は一般的な道具、tool は特定の目的のための道具
a household appliance 家庭用電気器具	💡 electric appliances は炊飯器、洗濯機などの「家電」を指す
from the cradle to the grave ゆりかごから墓場まで	💡 タスマニアの世界遺産クレイドル山はゆりかごの形
carry heavy luggage 重い手荷物を運ぶ	💡 通常不可算名詞なので a piece of luggage のように数える
examine bacteria under the microscope 顕微鏡でバクテリアを調べる	💡 micro (極小さい) ものを scope (観察する)
send an urgent telegram 緊急の電報を打つ	💡 tele (遠くに) gram (書いたもの) から、by telegram「電報で」〈☆無冠詞〉
The thermometer reads 20℃. 温度計は摂氏20度を示している。	💡 thermos bottle (保温保冷水筒) の thermos は元々は商標
sew with a needle and thread 針と糸で縫う	💡 lose the thread は話の筋がわからなくなることを表す

Review Quiz ⑫ 日本語に合うように、空所に英単語を入れましょう。

1
その通りは一時的に閉鎖された。
The street was _____ closed.

2
現代建築
modern _____

3
不朽の名作
timeless _____

4
世の中はますますグローバル化している。
The world is _____ globalized.

5
空港の建設
_____ of an airport

6
良心がとがめる
have a guilty _____

7
彼は直立して立っていた。
He was standing _____.

8
ブロンズ彫刻
a bronze _____

9
赦しを請う
beg for _____

10
食料品店
a _____ store

正解
1. temporarily
2. architecture
3. masterpiece
4. increasingly
5. construction
6. conscience
7. upright
8. sculpture
9. mercy
10. grocery
11. equipment
12. indeed
13. cradle
14. occasionally
15. appliance
16. Frankly
17. affection
18. telegram
19. scarcely
20. hospitality

194

11 キャンプの装備
camping _____

12 確かに彼は尊敬できる人だ。
He is, _____, a respectable man.

13 ゆりかごから墓場まで
from the _____ to the grave

14 彼女は時折私に会いに来る。
She _____ comes to see me.

15 家庭用電気器具
a household _____

16 率直に言えば、私は彼が好きではない。
_____ speaking, I don't like him.

17 息子に対する深い愛情
a deep _____ for my son

18 緊急の電報を打つ
send an urgent _____

19 水はほとんど残っていない。
There is _____ any water left.

20 観光客へのあたたかいもてなし
warm _____ to tourists

---

4. 争い・武器

兵器や武器の名前に加えて「紛争」や「反逆者」など戦争にまつわる用語も一気に記憶！

652	**blade** [bléid] V R	刃；プロペラの羽根
653	**shield** [ʃíːld] V R L W	盾；シールド ①動 〜を保護する
654	**sword** [sɔ́ːrd] V R L W S	剣；刀
655	**troop** [trúːp] V R L W S	軍隊；一団；大群
656	**assault** [əsɔ́ːlt] V R L	襲撃；暴行 ①動 襲いかかる
657	**clash** [klǽʃ] V R L	(意見；軍隊などの) 衝突 ①動 衝突する
658	**dispute** [dispjúːt] V R L W S	論争；紛争 ①動 〜を論争する
659	**friction** [fríkʃən] V R L W	摩擦；不和
660	**quarrel** [kwɔ́ːrəl] V R L W S	口論 ①動 口論する；言い争う

a razor blade カミソリの<u>刃</u>	💡 羽根のような形の「肩甲骨」は shoulder blades
a protective shield 防御<u>シールド</u>	💡 原義は「板」
a double-edged sword もろ刃の<u>剣</u>	💡 刀のような角を持つメカジキは sword fish という
send troops **to the war** 戦争に<u>軍隊</u>を派遣する	💡 列をなして進む一団のイメージ
a brutal assault 残虐な<u>暴行</u>	💡 身体への危害がある、突然の激しい攻撃
the clash **of opinion** 意見の<u>衝突</u>	💡 clash はガシャンと衝突、crash は破損、crush は押し潰すイメージ
a labor dispute 労働<u>争議</u>	💡 シリアスな議論を指す
a trade friction 貿易<u>摩擦</u>	💡 フリクションペンは摩擦熱でインクが無色になる
have a quarrel **with him** 彼と<u>口論</u>する	💡 quarrel は怒りに任せた口論、argument は論理的な口論

**D
A
Y
13**

197

661	**opponent**	対戦相手；反対者
☐☐	[əpóunənt] V R L W	動 oppose 〜に反対する

662	**rebel**	反逆者
☐☐	[rébəl] V R L	① 動 反逆する；反抗する 名 rebellion 反乱；反抗

5. 医学

頻出&基本の医療用語と「痛み」や「傷」など状態を表す単語、つなげて覚えちゃおう！

663	**ache**	痛み；心痛
☐☐	[éik] V R L S	① 動 うずく

664	**wound**	傷；けが
☐☐	[wú:nd] V R L W S	① 動 〜を傷つける

665	**fatigue**	疲労
☐☐	[fətí:g] V R L	① 動 疲労する；〜を疲れさせる 形 fatigued 疲れ果てた

666	**nutrition**	栄養；栄養摂取；栄養学
☐☐	[nju:tríʃən] V R L	形 nutritious 栄養のある

667	**physician**	内科医；医師
☐☐	[fizíʃən] V R L	

668	**plague**	疫病；伝染病；災害
☐☐	[pléig] V R L	① 動 〜を苦しめる

669	**remedy**	治療法；薬；改善策
☐☐	[rémədi] V R L	① 動 〜を改善する

opponents of the death penalty
死刑に反対している人々

💡 a political oppnent は「政敵」

anti-government rebels
反政府の反逆者たち

💡 level（レベル）reveal（現す）などとの混同に注意！

D A Y 13

an ache in the knee
ひざの痛み

💡 ache は長く続く鈍痛、pain は鋭痛

heal the wound
傷を癒す

💡 身体的な傷、心の痛手も含む

have mental fatigue
精神的に疲労する

💡 日本の「夏バテ」を説明するなら summer heat fatigue

advice on diet and nutrition
食事と栄養（摂取）についてのアドバイス

💡「栄養不足」は poor nutrition, lack of nutrition 等

my personal physician
かかりつけの内科医

💡「内科」は internal medicine

an outbreak of plague
疫病の発生

💡 特にペストのことを指す

a remedy for all diseases
万病の治療薬

💡 natural remedy は「自然療法」

199

670	**surgeon** [sə́ːrdʒən] V R	外科医；軍医
671	**surgery** [sə́ːrdʒəri] V R L	外科手術；外科
672	**symptom** [símptəm] V R L	(病気などの) 症状；兆候；きざし

6. 宇宙
宇宙空間をイメージしながらまとめて覚えると効果的…かも!!

673	**astronaut** [ǽstrənɔ̀ːt] V R L	宇宙飛行士
674	**comet** [kámit] V R L	彗星；ほうき星
675	**orbit** [ɔ́ːrbit] V R L	軌道 ①動 〜の周りを回る
676	**satellite** [sǽtəlàit] V R L W S	衛星；取り巻き
677	**vacuum** [vǽkjuəm] V R L	空白；真空 ①形 真空の

a brain surgeon
脳外科医

💡「サージカルマスク」は外科医がつける医療用マスク

a plastic surgery
形成外科手術

💡「美容整形」は cosmetic surgery

symptoms **of coronavirus**
コロナウイルスの症状

💡 通例、望ましくない事に使う

send astronauts **to the moon**
宇宙飛行士を月へ送る

💡 ロシアの宇宙飛行士は cosmonaut

Halley's comet
ハレー彗星

💡 彗星から放つダスト「彗星の尾」は comet tail

the orbit **of the earth around the sun**
太陽の周りを回る地球の軌道

💡「ビジネスが軌道に乗る(business is on track)」等の「軌道」では orbit は使えない

artificial satellites
人工衛星

💡 大都市近郊の中核都市は a satellite city (衛星都市)

vacuum **packing**
真空パック包装

💡 a vacuum cleaner は「掃除機」

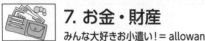

7. お金・財産

みんな大好きお小遣い！= allowance など、お金にまつわる 16 語を一網打尽！

678	**fare** [féər] V R L W S	運賃；食事に出された物
679	**reward** [riwɔ́ːrd] V R L	報酬；見返り ! 動 ～に報酬を与える
680	**allowance** [əláuəns] V R L W S	こづかい；手当；許容量
681	**budget** [bʌ́dʒit] V R L W S	予算；予算案
682	**debt** [dét] V R L	借金；借り
683	**deposit** [dipázit] V R L	手付金；預金；堆積物 ! 動 預ける
684	**expenditure** [ikspénditʃər] V R	支出；消費；歳出
685	**grant** [grǽnt] V R L	助成金；奨学金 ! 動 ～を認める
686	**pension** [pénʃən] V R L W S	年金；（食事付きの）宿舎

a bus fare
バス運賃

💡 What's the fare? は「運賃はいくらですか」

a reward for labor
労働に対する報酬

💡「当然の報いを受ける」は reap one's reward

a travel allowance
旅行手当

💡 allow (許し与える) もの

cut a budget
予算を削減する

💡 宿泊料が安いホテルを a budget hotel という

a credit card debt
クレジットカードによる負債

💡 発音に注意！ b は発音しない

pay a deposit of 10,000 yen
1万円の手付金を支払う

💡 put down a deposit (頭金を支払う) ともいう

a government expenditure
政府支出

💡 お金に限らず、時間、労力などを費やすことも表す

a government grant for research
研究のための政府の補助金

💡 一時金として受け取る奨学金や補助金のこと

old-age pensions
老齢年金

💡 ペンション (ヨーロッパ風の宿泊所) は和製英語。「年金暮らしをする」は live on a pension

687	**revenue** [révənjùː] V R	収入；歳入

688	**scholarship** [skálərʃip] V R L W S	奨学金；学識

689	**stake** [stéik] V R	くい（支柱）；賭け

690	**toll** [tóul] V R L	通行料；犠牲 ① 動 (鐘などが) 鳴る

691	**tuition** [tjuːíʃən] V R L W S	授業料；指導

692	**value** [vǽljuː] V R L W S	価値；評価 ① 動 ～を評価する 形 **valuable**　価値ある

693	**wealth** [wélθ] V R L W S	富；財産 形 **wealthy**　豊かな；金持ちの

8. 学問・学校

主に大学まわりの類語関連語 10 語！なので、大学生はイメージしやすくて有利かも！

694	**philosophy** [filásəfi] V R L W S	哲学；方針

695	**instruction** [instrʌ́kʃən] V R L W S	指導；指示；教育 動 **instruct**　～に指導する

a national revenue
国家歳入

💡 re (再び) venue (来る) から定期的な収入のこと

get a scholarship **for a college**
大学の奨学金をもらう

💡 a student on a scholarship は「奨学生」

The company is at stake.
会社は賭けの状況だ（危機に瀕している）。

💡 競馬のステークスとは馬主が賞金を出す賭け方式のレース

a toll-**free highway**
通行料のかからない高速道路

💡 a toll-free call は「フリーダイヤル通話」

D
A
Y
13

pay a college tuition
大学の授業料を払う

💡 特に少人数指導のこと、receive private tuition は「個別指導を受ける」

the value **of the dollar**
ドルの価値

💡 value は「価値を認める」、evaluate は「価値を図る」こと

financial **wealth**
金融資産

💡 豊富にあり、幸せなイメージ

my philosophy **of life**
私の人生哲学

💡「アリストテレスの哲学」は the philosophy of Aristotle

follow the instructions
指示に従う

💡「取扱説明書」は an instruction manual

| 696 | **diploma** | 卒業証明書；(大学の) 学位 |
| | [diplóumə] V R L | |

| 697 | **discipline** | しつけ；鍛錬；規律 |
| | [dísəplin] V R L | ①動 ～をしつける |

| 698 | **psychology** | 心理学；心理状態 |
| | [saikálədʒi] V R L W S | 名 psychologist　心理学者
形 psychological　心理学の |

| 699 | **astronomy** | 天文学 |
| | [əstránəmi] V R L | 名 astronomer　天文学者 |

| 700 | **biology** | 生物学；植物相 |
| | [baiálədʒi] V R L W S | 名 biologist　生物学者
形 biological　生物学の |

| 701 | **institute** | 研究所；学会 |
| | [ínstətjù:t] V R L | ①動 ～を設立する |

| 702 | **laboratory** | 実験室；研究所 |
| | [lǽbərətɔ̀:ri] V R L | |

| 703 | **facility** | 設備；便宜；器用さ |
| | [fəsíləti] V R L W S | |

9. 経済・ビジネス
ニュースにもよく出てくる超基礎的な経済用語 11 語！

| 704 | **account** | 説明；計算；預金高 |
| | [əkáunt] V R L W | |

a high school diploma
高校の卒業証明書

💡 a college diploma は「大学の学位 [卒業証書]」

school discipline
学校の規律

💡 self-discipline は「自己鍛錬」

a master's degree in psychology
心理学の修士号

💡 mass psychology は「群集心理」

major in astronomy
天文学を専攻する

💡 astro (宇宙) から。他に astronaut (宇宙飛行士)

DAY 13

marine biology
海洋生物学

💡 bio (生物) から。bio fuel (バイオ燃料) も覚えよう!

a medical research institute
医学研究所

💡 in (中) に stitute (立てる) から

a chemical laboratory
化学実験室

💡 lavatory (トイレ) と混同しないように!

amusement facilities
娯楽施設

💡 複数形で公共施設などの洗面所を指すことがある

a bank account
銀行口座

💡 細かく count (計算) して説明すること

705	**credit** [krédit] V R	信用；信望；クレジット
706	**property** [prápərti] V R L	財産；不動産；特性 形 proper 適した；固有の
707	**bargain** [báːrgən] V R L W S	特売；値引き品 ① 動 交渉する
708	**executive** [igzékjutiv] V R L W S	重役；幹部 ① 形 管理職の 動 execute 実行する；執行する
709	**monopoly** [mənápəli] V R	独占；専売（権）
710	**publicity** [pʌblísəti] V R	宣伝；広告 形 名 public 公共の／一般の人々
711	**stock** [sták] V R L	株（式）；在庫品
712	**transaction** [trænsækʃən] V R	取引；業務；処置 動 transact （取引・交渉・業務などを）行う
713	**client** [kláiənt] V R L W S	依頼人；顧客
714	**personnel** [pəːrsənél] V R L	職員；人事

credit card payments クレジットカード決済	☼ give credit to ～「(功績を認め)～を信用する」
a personal property 個人の財産	☼ IT用語の「プロパティ」はファイルなどの設定、状態、属性などを表す
bargain prices 特売価格	☼「バーゲンセール」は日本語として定着している
a company executive 会社の重役	☼ execute (執行する) 権限を持っている。CEO は Chief Executive Officer の略
a monopoly of political power 政治的権力の独占	☼「モノポリー」は不動産の売買をするボードゲーム
launch a publicity campaign 宣伝キャンペーンを始める	☼ public (公衆) に知られた状態
the stock market 株式市場	☼ stack は積み重ねて山になった、stock は蓄えたもの
online transactions オンライン取引	☼ trans (越えて) act (行う) こと
a client to the law firm 法律事務所の依頼人	☼ clie (寄りかかる) ent (人) から。「クライアント」はビジネスシーンでよく使う
government personnel 政府職員	☼ アクセントに注意!

D
A
Y

13

Review Quiz ⑬ 日本語に合うように、空所に英単語を入れましょう。

1 カミソリの刃
a razor _____

2 通行料のかからない高速道路
a _____ -free highway

3 かかりつけの内科医
my personal _____

4 人工衛星
artificial _____

5 残虐な暴行
a brutal _____

6 膝の痛み
an _____ in the knee

7 株式市場
the _____ market

8 ドルの価値
the _____ of the dollar

9 海洋生物学
marine _____

10 天文学を専攻する
major in _____

正解
1. blade
2. toll
3. physician
4. satellites
5. assault
6. ache
7. stock
8. value
9. biology
10. astronomy
11. instructions
12. vacuum
13. account
14. rebels
15. revenue
16. fatigue
17. laboratory
18. surgeon
19. budget
20. pensions

210

11	指示に従う
	follow the _____

12	真空包装
	_____ packing

13	銀行口座
	a bank _____

14	反政府の反逆者達
	anti-government _____

15	国家歳入
	a national _____

16	精神的に疲労する
	have mental _____

17	化学実験室
	a chemical _____

18	脳外科医
	a brain _____

19	予算を削減する
	cut a _____

20	老齢年金
	old-age _____

19-20 Outstanding! 英検2級余裕合格できるレベル！

17-18 Excellent! 英検2級合格レベル。

15-16 Very good!

13-14 Good 英検2級はもう一息！

10-12 Fair もっとボキャビルに気合を入れて頑張りましょう!!

Your score

/20

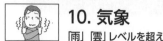

10. 気象

「雨」「雲」レベルを超えた "大人っぽい" 気象用語をまとめて覚えちゃおう！

715	**chill** [tʃíl] `V` `R`	寒気；冷え ❗動 ～を冷やす 形副 chilly ひんやりした／ひんやりと
716	**emission** [imíʃən] `V` `R` `L`	排出；放射物 動 emit ～を排出する
717	**layer** [léiər] `V` `R` `L`	層；段階 ❗動 ～を層にする
718	**moisture** [mɔ́istʃər] `V` `R` `L`	湿気；水分 形 moist 湿った；水気のある
719	**tide** [táid] `V` `R` `L`	潮の干満；時流 ❗動 (流れに乗せて) 運ぶ
720	**twilight** [twáilàit] `V` `R` `L` `W` `S`	夜明け方；夕暮れ時

11. 喜怒哀楽

感情を表す名詞10語。その感情をイメージしながら (何なら演じながら) 声に出して言ってみよう！

721	**sensation** [senséiʃən] `V` `R` `L`	感覚；大興奮 形 sensational センセーショナルな
722	**sentiment** [séntəmənt] `V` `R` `L`	心情；感傷 形 sentimental 感傷的な；心情的な

have a chill 寒気がする	💡 口語では「リラックスする」という意味も！
carbon dioxide emissions 二酸化炭素 (CO₂) の排出	💡 ゼロ・エミッションとは CO_2 排出ゼロ構想のこと
the ozone layer オゾン層	💡「レイヤードスタイル」は重ね着ファッションのこと
skin moisture 肌の水分	💡「潤い」という意味での湿気
go against the tide 時勢に逆らう	💡「戦局」は the tide of war
in the twilight 黄昏どきに	💡 太陽と月の twi (2つの) light (光) が混ざり合う頃
a burning sensation **in the** stomach 胃が焼けるような不快感	💡 刺激に対する感覚と感覚を呼び起こすものを表す
an anti-war sentiment 反戦感情	💡 米国の1940年代のヒット曲『センチメンタル・ジャーニー』は帰郷の心情を歌った

D
A
Y
14

213

723	**blessing** [blésiŋ] V R L	恵み；祝福 動 bless ～を祝福する；恵まれる
724	**sorrow** [sárou] V R L	悲しみ；悲哀
725	**contempt** [kəntémpt] V R	軽蔑；侮辱 反 respect 尊敬
726	**curse** [kə́:rs] V R	呪い；悪態 ①動 ～を呪う 反 blessing 祝福
727	**disgust** [disgást] V R	嫌悪 ①動 ～に嫌悪を抱かせる 形 disgusting （人を）むかつかせる
728	**hatred** [héitrid] V R L	憎しみ；憎悪 動 名 hate ～を憎む／憎しみ
729	**rage** [réidʒ] V R	激怒；（嵐などの）猛威
730	**delight** [diláit] V R L	歓喜；楽しみ ①動 ～を大喜びさせる

12. 行事・慣習

ハレの日にまつわる関連語5つ。例文フレーズでイメージをクリアにして覚えよう！

731	**convention** [kənvénʃən] V R L W S	慣習；大会；協定 形 conventional 慣習的な；伝統的な

the blessings of nature
自然の恵み

💡 Bless you! はくしゃみをした人へ
の決まり文句

feel deep sorrow
深い悲しみを感じる

💡 悲しみとともに、後悔や残念な気
持ちがある

show contempt for the right to life
生きる権利を軽視する

💡 a contempt face は片側の口角
をひきつらせた顔で表現する

put a curse on the princess
王女に呪いをかける

💡 a curse は悪いことを起こす呪文、
a spell は魔法の呪文

the feeling of disgust at myself
自分に対する嫌悪感

💡 gust (嗜好) に合わず、むかむかす
るほど嫌っている

a deep hatred for the crime
犯罪に対する深い憎しみ

💡 「ヘイトスピーチ」とは一方的な憎
悪で、個人や集団を侮辱する発言

a sudden rage
突然の怒り

💡 嵐のような怒り

scream with delight
大喜びで叫ぶ

💡 喜びで満たされるイメージ

according to convention
慣習に習って

💡 「コンベンションセンター」は会議
場を備えた複合施設

215

732	**occasion** [əkéiʒən]　VRLWS	機会；行事 副 occasionally　時折
733	**feast** [fíːst]　VRL	祝宴；(目や耳を)楽しませるもの
734	**formula** [fɔ́ːrmjulə]　VR	(数学の)公式；秘訣；決まり文句
735	**reception** [risépʃən]　VRLWS	受付；もてなし 動 receive　〜を受け取る
736	**ritual** [rítʃuəl]　VRL	儀式；日常の決まった行い

13. 区分・部分

抽象名詞は覚えにくいかもしれないが、そんな時に活躍するのが例文フレーズと「覚え方のコツ」！

737	**core** [kɔ́ːr]　VRL	中心；核；(問題などの)核心
738	**margin** [máːrdʒin]　VRL	余白；ふち；限界 ① 動 〜に縁をつける 形 marginal　端の；重要でない
739	**phase** [féiz]　VRL	段階；時期 ① 動 段階的に実行する
740	**range** [réindʒ]　VRL	範囲；幅 ① 動 整列させる；並ぶ；及ぶ

on special occasions 特別の機会に	🔆 What's the occasion? (何か (特別なことが) あるの?) は会話でよく使う
make a big feast ご馳走を作る	🔆 a feast for the eyes「目の保養」
The chemical formula **for water is H₂O.** 水の化学式は H₂O だ。	🔆 F1 (フォーミュラ・ワン) は規定に沿ったレーシング・カーで出場する
a wedding reception 結婚披露宴	🔆 レセプションホールは宴会場
perform a religious ritual 宗教的な儀式を行う	🔆 a ritual for rain「雨乞いの儀式」

D
A
Y
14

the core **of a problem** 問題の核心	🔆 「コアな部分」「コアタイム」等でお馴染み
on the margin **of the page** ページの余白に	🔆 ビジネスにおいてマージンとは「利ざや」のこと
the first phase **of the project** そのプロジェクトの第1段階	🔆 日本語では「フェーズ」と書くが、英語の発音は「フェイズ」に近い
a wide range **of knowledge** 幅広い (範囲の) 知識	🔆 関連語に arrange (配置する) などがある

741	**scope** [skóup] V R L	(能力・知力などの) 範囲；視野
742	**segment** [ségmənt] V R	部分；部門；区分 ！動 ～を分割する；分裂する
743	**fraction** [frǽkʃən] V R	ほんの一部；少量；分数 ！動 ～を細かく分ける；細かくなる
744	**element** [éləmənt] V R L W S	基本要素；元素；原理 形 elementary 初等の；基本の

1	○○党	3450
2	××党	200
3	△△党	1300
4	□□党	420

14. 結果・影響

抽象名詞を覚えるには……そう！ 例文フレーズと「覚え方のコツ」！

745	**consequence** [kánsəkwèns] V R L	(必然的な) 結果；影響；重大さ 副 consequently 必然的に；したがって
746	**impact** [ímpækt] V R L W S	影響；衝撃；衝突
747	**impression** [impréʃən] V R L W S	印象；感銘；感動 動 impress ～に感銘を与える 形 impressive 印象的な
748	**outcome** [áutkʌm] V R	最終的な結果；結末；成り行き
749	**sequence** [síːkwəns] V R	連続 (するもの)；順序；場面 形名 sequent 続いて起こる／必然の結果

expand the scope of
activities
活動範囲を広げる

💡 関連語は microscope (顕微鏡)。
micro (極小の) + scope

the segment of the body
体の一部

💡 「ワンセグ放送」とは電波帯域のうちの1セグメントを使った放送

a small fraction of time
わずかな時間

💡 「分数」という意味もある

important elements of
success
成功の重要な要因

💡 「元素記号」は element symbol

D
A
Y
14

the consequences of climate
change
気候変動の結果

💡 ある事柄が続くことで起こった当然の結果

have an impact on the
environment
環境に影響を与える

💡 「インパクトが強い」は衝撃的な印象がある様子

make a good impression on
others
他人に良い印象を与える

💡 first impression で「第一印象」

the outcome of the election
選挙の結果

💡 明らかになった結果のこと

the sequence of events
一連の出来事

💡 in sequence は「順に」

219

15. 言語表現
本や新聞などをイメージすると覚えやすいかもしれない言語関連語 11 語！

750	**biography** [baiágrəfi] Ⓥ Ⓡ Ⓛ	伝記；経歴
751	**compliment** [kámpləmənt] Ⓥ Ⓡ Ⓛ Ⓢ	ほめ言葉；お世辞 ①動 (人) をほめる
752	**debate** [dibéit] Ⓥ Ⓡ Ⓛ Ⓦ Ⓢ	討論；討論会 ①動 討論する
753	**dialect** [dáiəlèkt] Ⓥ Ⓡ Ⓛ Ⓦ Ⓢ	方言；(特定の職業などの) 通用語
754	**hypothesis** [haipáθəsis] Ⓥ Ⓡ Ⓛ	仮説；仮定
755	**irony** [áiərəni] Ⓥ Ⓡ Ⓛ	皮肉；奇妙な事実 形 ironic　皮肉な 副 ironically　皮肉にも
756	**manuscript** [mǽnjuskrìpt] Ⓥ Ⓡ	原稿；文書；手書き
757	**proverb** [právə:rb] Ⓥ Ⓡ Ⓛ Ⓦ Ⓢ	ことわざ；格言
758	**headline** [hédlàin] Ⓥ Ⓡ Ⓛ Ⓦ Ⓢ	(新聞などの) 大見出し

the biography of Dr. Johnson
ジョンソン博士の伝記

💡「偉人伝」は a biography of a great man

the highest compliments
最高のほめ言葉

💡 flattery (お世辞) と区別しよう!

a debate on global warming
地球温暖化についての討論

💡 公開された正式な討論会を指す

a local dialect
地域の方言

💡 dialect (方言) と accent (訛り) の違いに注意!

DAY 14

confirm the hypothesis
仮説を確認する

💡 関連語に thesis (卒業論文)

the irony of history
歴史の皮肉

💡 わざと本意とは逆の事を言う表現

an ancient manuscript
古文書

💡 関連語に script (台本) がある

As the proverb says, time is money.
ことわざにあるように、時は金なりだ。

💡 saying (言い習わし) も同時に覚えておこう!

a front-page headline
新聞の第1面の見出し

💡 head (頭) の line (一行) から

759	**editorial** [èdətɔ́ːriəl] 　V R	社説；論説 ①形 編集の 名 editor　編集者
760	**summary** [sʌ́məri] 　V R L	要約；まとめ 動 summarize/summarise　要約する

16. 権力・権利

「ジェンダー」や「オーソリティ」など、カタカナ語として定着している単語もチラホラ…

761	**authority** [əθɔ́ːrəti] 　V R L W S	権力；権威；当局
762	**aristocracy** [ærəstákrəsi] 　V R L	貴族社会；貴族階級（the 〜） 名 aristocrat　貴族 形 aristocratic　貴族の
763	**citizenship** [sítəzənʃìp] 　V R L	市民権；国籍
764	**civilization/civilisation** [sìvəlizéiʃən] 　V R L W S	文明；洗練；都会 動 civilize　〜を文明化する 形 civil　民間人の；文明化された
765	**gender** [dʒéndər] 　V R L W S	（社会的・文化的に見た）性別；男女
766	**monarch** [mánərk] 　V R L	君主；最高支配者 名 monarchy　君主政治
767	**headquarters** [hédkwɔ̀ːrtərz] 　V R L	本部；本社；司令部

newspaper editorials
新聞の社説

💡 新聞などの事実の報告ではなく、編集者の意見

a summary of a lecture
講義の要約

💡 in summary (要約すれば) は、in conclusion (要約すれば) と共にエッセイでよく使われる必須表現！

the government authorities
政府当局

💡 昔は author (著者) が書く書物に最も権威があった

the European aristocracy
ヨーロッパの貴族社会

💡 反意語は the working class (労働者階級)、the common people (庶民)

the American citizenship
アメリカの市民権

💡 city (都市) に住む人が持つから

the development of Western civilization
西洋文明の発達

💡 高度な生活様式を持つ文化や精神的な文化は culture

gender equality
男女平等

💡 「ジェンダーレスな社会」などとよく用いられる

an absolute monarch
専制君主

💡 the king, queen, emperor, empress は monarch (君主)

the headquarters of the United Nations
国連本部

💡 head (首位の) quarters (部署)

D A Y
14

223

Review Quiz ⑭　日本語に合うように、空所に英単語を入れましょう。

1 問題の核心
the _____ of a problem

2 地域の方言
a local _____

3 寒気がする
have a _____

4 特別な機会に
on special _____

5 講義の要約
a _____ of a lecture

6 突然の怒り
a sudden _____

7 一連の出来事
the _____ of events

8 時勢に逆らう
go against the _____

9 宗教的な儀式を行う
perform a religious _____

10 反戦感情
an anti-war _____

正解

1. core
2. dialect
3. chill
4. occasions
5. summary
6. rage
7. sequence
8. tide
9. ritual
10. sentiment
11. irony
12. margin
13. gender
14. headquarters
15. sorrow
16. editorials
17. monarch
18. manuscript
19. layer
20. authorities

11 歴史の皮肉

the _____ of history

12 ページの余白

on the _____ of the page

13 男女平等

_____equality

14 国連本部

the _____of the United Nations

15 深い悲しみを感じる

feel deep _____

16 新聞の社説

newspaper _____

17 専制君主

an absolute _____

18 古文書

an ancient _____

19 オゾン層

the ozone _____

20 政府当局

the government _____

19-20 Outstanding! 英検2級余裕合格できるレベル！

17-18 Excellent! 英検2級合格レベル。

15-16 Very good!

13-14 Good 英検2級はもう一息!

10-12 Fair もっとボキャビルに気合を入れて頑張りましょう!!

Your score

/20

17. 合意・契約
ビジネスでもよく出てくるキーワード4語。社会人のほうが覚えるのに有利かも！

768	**acceptance** [ækséptəns] V R L	受諾；容認 動 accept ～を受け入れる
769	**accommodation** [əkὰmədéiʃən] V R L W	適応；宿泊設備
770	**compromise** [kάmprəmàiz] V R L	妥協；譲歩 ① 動 妥協する
771	**contract** [kάntrækt] V R L W S	契約；協定 ① 動 契約する

18. 交通・輸送
空港や港、駅などをイメージしながら例文フレーズと一緒に一網打尽にしてしまおう！

772	**destination** [dèstənéiʃən] V R L W S	目的地；到着地；宛先
773	**freight** [fréit] V R L	貨物；積み荷
774	**terminal** [tə́ːrmənl] V R L W S	末端；終点 ① 形 終点の 動 terminate ～を終らせる；終わる
775	**transportation** [trænspərtéiʃən] V R L W S	輸送（機関） 動 名 transport ～を輸送する／（英で）輸送手段

a letter of acceptance
受諾通知（合格、採用を知らせる手紙）

💡「不採用通知」は a rejection letter

accommodation **fees**
宿泊料金

💡 ホテル、寮などを含む宿泊施設の総称

make a compromise **with the** government
政府と妥協する

💡 折り合って promise（約束）をとりつけること

a breach of contract
契約違反

💡 品詞で変わるアクセントに注意！

D
A
Y
15

travel destinations
旅の目的地

💡 元から決まっているイメージ、destiny（運命）など

a freight **train**
貨物用列車

💡 発音に注意！ fright（恐怖）と混同しないように

the terminal **station**
終着駅

💡 映画『ターミネーター』は人類を終わらせる殺人ロボットが未来から来る話

the public transportation system
公共交通機関

💡 trans（向こう側）の port（港）に運ぶこと

227

| 776 | **vessel** [vésəl] V R | 船；血管；器 |

| 777 | **circulation** [sə̀ːrkjuléiʃən] V R L | 流通；循環
 動 circulate　循環する；流通する
 形 circular　円形の；循環的な |

19. 国際関係
国際問題や海外のニュースなどの場面で頻出の 8 語！

| 778 | **refugee** [rèfjudʒíː] V R L W S | 難民；亡命者
 名 refuge　避難；避難所 |

| 779 | **emigrant** [émigrənt] V R | (外国への) 移民
 動 emigrate　(他国へ) 移住する；〜を移住させる |

| 780 | **ambassador** [æmbǽsədər] V R L | 大使；(公式；非公式の) 使節 |

| 781 | **embassy** [émbəsi] V R L W | 大使館；大使一行 |

| 782 | **nationality** [næ̀ʃənǽləti] V R L W S | 国籍；国民性 |

| 783 | **immigrant** [ímigrənt] V R L W S | (外国からの) 移民
 動 immigrate　(外国から) 移住する；〜を移住させる |

| 784 | **territory** [térətɔ̀ːri] V R L W S | 領土；領域；なわばり |

a passenger vessel
客船

💡 船は boat (小舟)、ship (大型船)、vessel (超大型船)

blood circulation
血液循環

💡 circle (円) を描くように動くこと

a refugee camp
難民キャンプ

💡 アクセントに注意!

Japanese emigrants **to Brazil**
ブラジルへの日本人移民

💡 アクセントに注意! e (外に) 出ていく人

the Japanese ambassador **to the U.N.**
日本の国連大使

💡 商品や地域の広告塔となる人を「アンバサダー」に任命するのが流行っている。「親善大使」は a goodwill ambassador

the Japanese Embassy **in London**
ロンドンの日本大使館

💡 稀に大使館員を集合的に言い表す

a foreign nationality
外国籍

💡 What's your nationality? (国籍はどちらですか) には、I'm Japanese. などと答える

illegal immigrants **from Mexico**
メキシコからの不法移民

💡 アクセントに注意! im (中に) 入ってくる人

the territory **of Japan**
日本の領土

💡 植民地などの属領、領海も含む領土を示す

DAY 15

229

785	**border** [bɔ́:rdər] V R L W S	境界；縁取り

20. 差異・一致
反対の意味を持つ単語同士をまとめて覚えて効率さらにアップ！

786	**discrimination** [diskrìmənéiʃən] V R L W S	差別；区別 動 discriminate　差別する；判別する
787	**distinction** [distíŋkʃən] V R L W S	差異；特徴；(試験の) 最高位合格 形 distinct　明確な；異なった 動 distinguish　〜を区別する；識別する
788	**coincidence** [kouínsidəns] V R L W	同時発生；偶然の一致 動 coincide　一致する
789	**similarity** [sìməlǽrəti] V R L	類似点；相似 形 similar　類似した

21. 災害・混乱
どれも体験したくないものばかりだが、意味はきっちり理解できるようになろう！

790	**famine** [fǽmin] V R L	飢饉；欠乏
791	**breakdown** [bréikdàun] V R L	(組織などの) 崩壊；機能停止
792	**drought** [dráut] V R L	干ばつ；日照り

the border between the US and Mexico
米国とメキシコの国境

💡「ボーダー柄」はここから

discrimination against immigrants
移民に対する差別

💡 racial discrimination は「人種差別」

a distinction between right and wrong
善悪の区別

💡 dis (分離) して差異がある様子

What a coincidence!
奇遇ですね。

💡 by coincidence (偶然にも) も重要!

the similarity between the two groups
その2つの集団の類似点

💡 本質や性質など内面的な類似

D
A
Y
15

suffer from famine
飢饉に苦しむ

💡 fam (飢え) た ine (状態)、hunger「飢え」に比べ、より厳しく地域全体の飢饉

a mental breakdown
精神的衰弱

💡 break down (故障する) の名詞化

droughts and floods
干ばつと洪水

💡 発音に注意!

231

793	**hazard** [hǽzərd] V R L	危険 ① 動 ～を危険にさらす 形 hazardous 危険な；運任せの
794	**chaos** [kéiɑs] V R L W S	無秩序；混沌；カオス 形 chaotic 混沌とした
795	**poverty** [pávərti] V R L W S	貧困；貧乏 形 poor 貧しい
796	**mess** [més] V R L S	取り散らかした状態 ① 動 散らかす 形 messy 取り散らかした；汚い
797	**outbreak** [áutbrèik] V R L W S	(戦争などの) 勃発；(疫病などの) 発生

22. 時間・歴史
「化石」のもつ比ゆ的な意味は、そのまんま (& 日本語でも言う) だけど面白い！

798	**fossil** [fásəl] V R L W S	化石；時代遅れの人 ① 形 化石化した
799	**heritage** [héritidʒ] V R L W S	遺産；伝統
800	**decade** [dékeid] V R L	10年；10年間
801	**interval** [íntərvəl] V R L	(時空の) 隔たり；間隔

a fire hazard
火災の<u>危険</u>

ハザードマップは災害に備えて危険箇所を表示している地図

cause a political chaos
政治的<u>混乱</u>を生じさせる

日本語の「カオス」と発音が違うので注意！

The painter died in poverty.
その画家は<u>貧困</u>の中、亡くなった。

poverty line (貧困線) とは最低限の収入を表す指標

make a mess of the room
部屋を<u>散らかした状態</u>にする

What a mess!（なんて酷い状態なの）はよく使う口語表現

the outbreak **of the war**
その戦争の<u>勃発</u>

break out (勃発する) から

D
A
Y
15

dinosaur fossils
恐竜の<u>化石</u>

石油、石炭、天然ガスなどは fossil fuels (化石燃料)

the world heritage
世界<u>遺産</u>

「世界文化 [自然] 遺産に登録される」は be registered as a World Cultural [Natural] Heritage site

in the decade **of the 1990s**
1990年代の<u>10年</u>間に

「数十年」は several decades

at five-minute intervals
5分<u>間隔</u>で

「インターバル・トレーニング」では運動の合間に休憩を挟む

233

23. 事件・事故

ニュースや新聞で、日本語では日常的に触れている単語なので、まとめて覚えやすいはず！

802	**victim** [víktim] Ⓥ Ⓡ Ⓛ Ⓦ Ⓢ	犠牲；被害者
803	**jury** [dʒúəri] Ⓥ Ⓡ Ⓛ	陪審員団；審査員団
804	**suicide** [súːəsàid] Ⓥ Ⓡ Ⓛ Ⓦ Ⓢ	自殺 ⚠ 動 自殺する
805	**theft** [θéft] Ⓥ Ⓡ Ⓛ	盗み；盗難；窃盗（罪）
806	**witness** [wítnis] Ⓥ Ⓡ Ⓛ	目撃者；証人 ⚠ 動 ～を目撃する；証言する
807	**harm** [háːrm] Ⓥ Ⓡ Ⓛ Ⓦ Ⓢ	害；危害 ⚠ 動 ～を害する；痛める 形 harmful 有害な
808	**emergency** [imə́ːrdʒənsi] Ⓥ Ⓡ Ⓛ Ⓦ Ⓢ	緊急事態；非常時 形 emergent 緊急の
809	**occurrence** [əkə́ːrəns] Ⓥ Ⓡ	出来事；発生；出現 動 occur 起こる；現れる

a victim of crime
犯罪の被害者

☼ a fashion victim は「流行に踊らされる人」

a jury trial
陪審員裁判

☼ 個々の陪審員は a juror もしくは a jury member

commit suicide
自殺する

☼ 「自爆テロ」は suicide terrorism [bombing]

a bicycle theft
自転車の盗難

☼ theft は盗む行為や罪を指す、robbery は強盗

a witness to the murder case
殺人事件の目撃者

☼ 「生き証人」は a surviving [living] witness

do harm to the environment
環境に害を与える

☼ do more harm than good は「有害無益である」

in case of emergency
緊急事態の場合には

☼ an emergency exit は「非常出口」

the occurrence of an error
エラーの発生

☼ cur (走る) ように現れるイメージ、occurrence frequency で「発生頻度」

DAY
15

235

24. 思想・概念・意見

抽象名詞を覚えるには……そう！ 例文フレーズと「覚え方のコツ」！

810		
concept [kánsept] V R L W S	概念；観念 **動** conceive 心に抱く；思いつく	

811		
illusion [ilú:ʒən] V R L	錯覚；幻覚	

812		
nationalism [nǽʃənəlìzm] V R L	国家主義；愛国主義 **反** globalism 世界主義	

813		
prejudice [prédʒudis] V R L W S	偏見；先入観	

814		
principle [prínsəpl] V R L W S	原則；原理	

815		
theory [θíːəri] V R L W S	理論；学説 **形** theoretical 理論的な	

816		
reality [riǽləti] V R L W S	現実；事実であること **形名副** real 本当の／現実／本当に	

817		
existence [igzístəns] V R	存在；実在；生存 **動** exist 存在する	

818		
review [rivjú:] V R L W S	復習；再検討；批評	

the concept of beauty
美の概念

💡 concept は基本的な考え、idea はより具体的な考え

optical illusions
目の錯覚

💡「イリュージョン」は魔法ではなく惑わされること

the growth of nationalism
国家主義の発展

💡 nation (国家) を重要視する主義

his prejudice against women
女性に対する彼の偏見

💡 pre (先に) judice (判断) すること

the principles of physics
物理学の原理

💡 principal (校長) との混同に気を付けよう!

a scientific theory
科学的理論

💡「セオリー」はビジネスシーンでよく使われる

the reality of married life
結婚生活の現実

💡 face the reality (現実を直視する) は頻出表現

believe in the existence of God
神の存在を信じる

💡 ex (外) の世界に sist (立つ) 存在

a book review
書評

💡 re (再び) view (見る) こと

DAY 15

237

| 819 | **reputation**
[rèpjutéiʃən] VRLWS | 評判；世評 |
| 820 | **bias**
[báiəs] VRLWS | 偏見；傾向 |

25. 宗教
たとえば宗教画を見たりしながら覚えるというのも一つの手！かもしれない！

821	**missionary** [míʃənèri] VRL	宣教師；伝道師
822	**myth** [míθ] VRLWS	神話；作り話
823	**religion** [rilídʒən] VRLWS	信仰；宗教 形 religious 宗教の；厳正な
824	**saint** [séint] VRLWS	聖人；聖者
825	**tomb** [túːm] VRL	（墓石のある大きな）墓
826	**witch** [wítʃ] VRL	魔女；魔法使い ① 動 ～に魔法をかける

have a good [bad] reputation
評判が良い [悪い]

💡「名声に傷がつく」は ruin your reputation

a gender bias in the workplace
職場での性別に対する偏見

💡「メディアバイアス」とはマスコミ側の取捨選択で生じる情報のゆがみ

a Christian missionary
キリスト教の宣教師

💡 mission (使命) を持つ人

the Greek myths
ギリシア神話

💡 myth は神話の物語、mythology はその総称

believe in religion
宗教を信じる

💡「宗教の自由」は freedom of religion

D A Y 15

the 26 saints of Japan
日本二十六聖人

💡 Saint は St. Nicholas (聖ニコラス) の様に St. と略される事が多い

the tombs of the ancient kings
古代の王たちの墓

💡 発音に注意!

a spell of a witch
魔女の呪文

💡 wizard は (男性の) 魔法使い

Review Quiz ⑮　日本語に合うように、空所に英単語を入れましょう。

1 難民キャンプ
a _____ camp

2 偶然ですね
What a _____!

3 受諾通知
a letter of _____

4 旅の目的地
travel _____

5 世界遺産
the world _____

6 日本の領土
the _____ of Japan

7 ギリシャ神話
the Greek _____

8 移民に対する差別
_____ against immigrants

9 評判が良い
have a good _____

10 公共交通機関
the public _____ system

正解

1. refugee	7. myths	14. suicide
2. coincidence	8. discrimination	15. outbreak
3. acceptance	9. reputation	16. emigrants
4. destinations	10. transportation	17. prejudice
5. heritage	11. droughts	18. contract
6. territory	12. jury	19. emergency
	13. fossils	20. religion

240

11 干ばつと洪水
_____ and floods

12 陪審員裁判
a _____ trial

13 恐竜の化石
dinosaur _____

14 自殺する
commit _____

15 その戦争の勃発
the _____ of the war

16 ブラジルへの日本移民
Japanese _____ to Brazil

17 彼の女性に対する偏見
his _____ against women

18 契約違反
a breach of _____

19 緊急の場合には
in case of _____

20 宗教を信じる
believe in _____

26. 手段・方法

method はすでにカタカナ語として定着している！

827	**method** [méθəd] V R L W S	方法；方式
828	**clue** [klú:] V R L	(解決の) 糸口；手がかり
829	**measures** [méʒərz] V R L W S	対策；措置
830	**means** [mí:nz] V R L W S	手段；方法；資産
831	**option** [ápʃən] V R L W S	選択肢；選択権 形 optional 任意の；選択の
832	**cue** [kjú:] V R L W S	合図；手がかり；きっかけ ①動 合図を出す
833	**alternative** [ɔːltɜ́ːrnətiv] V R L W S	選択肢；代替案 ①形 代わりの 形動名 alternate 交替の／交替する／代理

27. 証明・記念

日本語を見ると似た印象の単語が多いかもしれないが、そんな時こそ「覚え方のコツ」！

834	**license/licence** [láisəns] V R L W S	免許証；許可 ①動 免許を与える

a new method of learning
新たな学習方法

💡 目的達成のための計画的・体系的な方法

---

have no clue to the problem
問題解決の手がかりがない

💡 clew (糸玉) からつづりが変化、発音は同じ

---

measures against terrorism
テロ対策

💡 単数形 measure は「測定；基準」を意味する

---

a means of communication
コミュニケーションの手段

💡 人と結果の mean (中間) にある手段

---

have no option but to do so
そうするしか選択肢はない

💡 option は特定の範囲内での選択、choice は自由意志による選択

---

give him the cue to start
彼に開始の合図をする

💡 cue は何かを始めるための手がかり、clue は何かを解決するための手がかり

---

an alternative plan
代替案

💡 alternative energy (代替エネルギー) も覚えよう！

---

a driver's license
運転免許

💡 イギリスで名詞は licence、動詞は license

835	**permission** [pərmíʃən] V R L W S	許可；承認 動 permit 許可する
836	**certificate** [səːtifikət] V R L	証明書；免許状
837	**monument** [mánjumənt] V R L W S	記念碑；遺跡
838	**deed** [díːd] V R L	行為；行動；証書
839	**souvenir** [sùːvəníər] V R L W S	おみやげ；記念品
840	**landmark** [lǽndmàːrk] V R L W S	(陸上にある) 目標；名所； 際立った出来事

28. 人体

「目」「耳」「口」などのレベルではない " 大人が覚えるべき " 人体関連語 7 語！

841	**fist** [físt] V R L	こぶし；げんこつ
842	**forefinger** [fɔ́ːrfìŋgər] V R L	人差し指
843	**limb** [lím] V R	手足；枝；支部

ask for permission
許可を求める

💡 without permission (許可なしに) も頻出表現

a birth certificate
出生証明書

💡 「教員免許状」は a teaching certificate

a historic monument
歴史的に重要な記念碑

💡 ancient monuments は「古代遺跡」

do a good deed
良い行いをする

💡 「彼は言行ともに親切」は He is kind in word and deed.

a souvenir shop
おみやげ物店

💡 「記念品として持っている」は keep as a souvenir

a landmark in the city
その町の目印

💡 a landmark in the history は「歴史上画期的な出来事」

a fist fight
こぶしでの殴り合い

💡 a fist bump は「グータッチ」

point a forefinger **at him**
人差し指で彼を指さす

💡 fore (前方) を指す finger (指)

the lower limb
下肢

💡 limbs は人間や動物の手足をさす。「四つんばいで」は on four limbs

844	**protein** [próutìːn] V R L	タンパク質
845	**pulse** [páls] V R L	脈拍；波動；活力 ① 動 脈打つ
846	**skeleton** [skélətn] V R L	骨格；骸骨；骨組み
847	**posture** [pástʃər] V R L	姿勢；態度；形勢 ① 動 ～にポーズをとらせる；装う

🎲 29. 数学

中学で習った「方程式」や円の「直径」など、日本語では知っているけどはたして英語では何という?

848	**cube** [kjúːb] V R	立方体；立方形のもの
849	**diameter** [daiǽmətər] V R L	直径
850	**equation** [ikwéiʒən] V R	方程式（等式）；等しくすること
851	**geometry** [dʒiámətri] V R	幾何学；形状 形 geometric 幾何学の
852	**ratio** [réiʃiou] V R L	比率；歩合

animal proteins
動物性タンパク質

💡「高タンパク質食品」は foods high in protein

---

take my pulse
脈拍をはかる

💡「不整脈」は an irregular pulse

---

a Neanderthal skeleton
ネアンデルタール人の骸骨

💡「透けていて骨だけ」から、半透明の物や状態を「スケルトン」という

---

have a good posture
姿勢が良い

💡 make a posture は「ポーズを取る」

---

an ice cube
角氷

💡 Rubik's Cube (ルービックキューブ) は Rubik 氏考案の立体パズル

---

a circle of 3 inches in diameter
直径3インチの円

💡「直径の長さ」は the length of diameter

---

solve an equation
方程式 (等式) を解く

💡 equa (等しい) の関連語 equator (赤道) も覚えよう！

3D [three-dimensional] geometry
3D [3 次元] 形状

💡「幾何学模様」は a geometric pattern

---

at a ratio of 3 to 2
3対2の比率で

💡 発音に注意！

853	**sum** [sʌ́m] ⓋⓇⓁ	合計；金額；要約
854	**bulk** [bʌ́lk] ⓋⓇⓁ	体積；大部分；巨体
855	**parallel** [pǽrəlèl] ⓋⓇⓁ	平行線；類似（点）；匹敵する（点） ⚠形 並行の ⚠動 ～に平行している
856	**dimension** [diménʃən] ⓋⓇⓁ	寸法；局面；次元 形 dimensional ～次元の
857	**sphere** [sfíər] ⓋⓇⓁ	球体；（勢力などの）範囲；圏

30. 成功・名誉

抽象名詞を覚えるには……そう！　例文フレーズと「覚え方のコツ」！

858	**confidence** [kánfədəns] ⓋⓇⓁⓌⓈ	自信；信頼 形 confident 確信している；自信に満ちた
859	**progress** [prágres] ⓋⓇⓁⓌⓈ	進歩；向上 ⚠動 前進する 形 progressive 進歩的な
860	**accomplishment** [əkámpliʃmənt] ⓋⓇⓁⓌ	完成；成就；業績 動 accomplish ～を成し遂げる
861	**prosperity** [praspérəti] ⓋⓇⓁⓌ	繁栄；成功 形 prosperous 繁栄している

a large sum of money 多額の金	☆ エクセルのSUM関数は合計を求める関数
buy in bulk まとめ買いする	☆ 「バルクメール」は不特定多数に対して営利目的で大量送信される
have no parallel 匹敵するものがない	☆ パラリンピックはオリンピックと並行 (パラレル) して行われる
a new dimension to the problem 問題の新しい局面	☆ 2.5 次元 (2.5 dimension) はゲームやアニメの世界と実世界の間を表す
the sphere of life 生活圏	☆ 関連語に atmosphere (大気 ; 雰囲気) がある

have complete confidence in the doctor その医者を完全に信頼している	☆ confidence man とは信頼を逆手に取る 「詐欺師」
progress in medicine 医学の進歩	☆ make a progress (進歩する) で覚えよう！
the accomplishment of a goal 目標達成	☆ achievement (達成) よりも貢献したという意味合いが強い
national prosperity 国家の繁栄	☆ 一族、企業、国家などに対して使う語で個人に対して使う事は少ない

862	**triumph** [tráiəmf]　V R L W	（目覚ましい）勝利；大成功
863	**dignity** [dígnəti]　V R L	尊厳；威厳；気品 形 dignified　威厳のある
864	**glory** [gló:ri]　V R	栄光；名誉；誇りとなるもの 形 glorious　すばらしい；栄光ある
865	**prestige** [prestí:ʒ]　V R	威信；威光；名声 形 prestigious　名声のある；一流の
866	**priority** [praió:rəti]　V R L	優先権；優先事項

31. 政治・選挙

特に選挙が近くなると身の回りに増える単語。エイヤッとまとめて覚えちゃおう！

867	**conference** [kánfərəns]　V R L W S	会議；協議会
868	**election** [ilékʃən]　V R L W S	選挙；選出 動 elect　選出する
869	**administration** [ædmìnəstréiʃən] V R L W S	経営管理；政権；実施
870	**candidate** [kǽndidèit]　V R L W S	候補者；志願者

achieve a great triumph
大勝利 [大成功] を収める

💡 victory は勝利すること、triumph は大勝利すること

human dignity
人間の尊厳

💡 「尊厳死」 は death with dignity

the glory **of God**
神の栄光

💡 a morning glory は 「朝顔」

the social prestige
社会的名声

💡 「プレステージ」 は、会社名やマンション名等によく使われる

give priority **to education**
教育を優先する

💡 priority seats は 「優先座席」

an international conference
国際会議

💡 meeting と比べて大規模な会議

a presidential election
大統領選挙

💡 e (外へ) lect (選び) 出すこと、a general election で 「総選挙」

the administration **office**
管理事務所

💡 business administration は 「企業の運営」 のこと

candidates **for the election**
選挙の候補者

💡 職の 「志願者」 にも使われる

871	**constitution** [kànstətjúːʃən] V R L W S	構成；憲法；体質 動 constitute 〜を構成する
872	**poll** [póul] V R	世論調査；投票
873	**reign** [réin] V R L	治世；統治 ！動 統治する；支配する
874	**senator** [sénətər] V R L	上院議員；評議員
875	**statesman** [stéitsmən] V R L	政治家；立派な指導者
876	**parliament** [páːrləmənt] V R L	(イギリスなどの) 議会；国会

32. 生物学

動物番組などで (日本語で) よく耳にする単語がたくさん。動物好きな人は有利なグループ！

877	**flock** [flák] V R	群れ；一団 ！動 群がる；集まる
878	**species** [spíːʃiːz] V R L W S	(動植物の) 種；種類 ！単複同形
879	**beast** [bíːst] V R L W S	獣；(大型で四つ足の) 動物

the Constitution of Japan 日本国憲法	💡 constitute 〜 % GDP「GDP の〜%を占める」
election polls 選挙の (事前) 調査	💡 pole (棒) と発音が同じ
the reign of Queen Elizabeth エリザベス女王の治世	💡 発音に注意! g は発音しない
a senator from California カリフォルニア州選出の上院議員	💡 the Senate で「(米国州議会の) 上院」
a great statesman 偉大な政治家	💡 a political leader や stateperson と表現する人も多い
the Parliament of the United Kingdom イギリス議会	💡 日本の「国会」は Diet
a large flock of birds 鳥の大きな群れ	💡 数が多いことを強調する表現
a new species of eel 新種のウナギ	💡 ダーウィンの『種の起原』は *The Origin of Species*
a wild beast 野獣	💡 映画『美女と野獣 (*Beauty and the Beast*)』で有名

880	**organism** [ɔ́ːrɡənìzm] Ⓥ Ⓡ Ⓛ	有機体；生物；微生物
881	**prey** [préi] Ⓥ Ⓡ	獲物；餌食 ① 動 捕食する
882	**specimen** [spésəmən] Ⓥ Ⓡ	標本；見本
883	**web** [wéb] Ⓥ Ⓡ Ⓛ Ⓦ Ⓢ	(クモの)巣；インターネット
884	**tissue** [tíʃuː] Ⓥ Ⓡ Ⓛ	(動植物の細胞からなる)組織；ティッシュペーパー
885	**extinction** [ikstíŋkʃən] Ⓥ Ⓡ Ⓛ Ⓦ Ⓢ	絶滅；消火；断絶 形 extinct 絶滅した
886	**evolution** [èvəlúːʃən] Ⓥ Ⓡ Ⓛ Ⓦ Ⓢ	進化；発展 動 evolve 進化する
887	**branch** [bræntʃ] Ⓥ Ⓡ Ⓛ Ⓦ Ⓢ	枝；支局；(学問の)部門
888	**mammal** [mǽməl] Ⓥ Ⓡ Ⓛ Ⓦ Ⓢ	哺乳類；哺乳動物

a single-cell organism 単細胞生物	☆ 関連語 organic (有機の) はオーガニックの野菜等でお馴染み
prey animals 餌食となる動物	☆ pray (祈る) と同じ発音
examine the specimens **of butterflies** 蝶の標本を調べる	☆ 医学用語で「検体」を意味する
spider webs クモの巣	☆ website (ウェブサイト) がリンクする様は正にクモの巣のようだ
nerve tissue 神経組織	☆ アメリカではティッシュペーパーを商品名の Kleenex と呼ぶ
mass extinctions **of species** 種の大量絶滅	☆ face extinction で「絶滅の危機に瀕する」
the evolution **of the human brain** 人類の脳の進化	☆ ダーウィンの「進化論」は the theory of evolution
a branch **office** 支店	☆「海外支社；支店」は overseas branches
Whales are mammals. 鯨は哺乳類だ。	☆ mamma は乳房を求める乳児の発声から

Review Quiz ⑯   日本語に合うように、空所に英単語を入れましょう。

1 医学の進歩
_____ in medicine

2 国際会議
an international _____

3 下肢
the lower _____

4 代替案
an _____ plan

5 日本国憲法
the _____ of Japan

6 動物性タンパク質
animal _____

7 まとめ買いする
buy in _____

8 その町の目印
a _____ in the city

9 人間の尊厳
human _____

10 問題の新しい局面
a new _____ to the problem

正解

1. progress
2. conference
3. limb
4. alternative
5. Constitution
6. proteins
7. bulk
8. landmark
9. dignity
10. dimension
11. tissue
12. certificate
13. extinction
14. statesman
15. evolution
16. posture
17. sum
18. method
19. candidates
20. mammals

11 神経組織

nerve _____

12 出生証明書

a birth _____

13 種の大量絶滅

mass _____ of species

14 偉大な政治家

a great _____

15 人類の脳の進化

the _____ of the human brain

16 姿勢が良い

have a good _____

17 多額の金

a large _____ of money

18 新たな学習方法

a new _____ of learning

19 選挙の候補者

_____ for the election

20 鯨は哺乳類だ。

Whales are _____.

19-20 Outstanding! 英検2級余裕合格できるレベル!	Your score
17-18 Excellent! 英検2級合格レベル。	
15-16 Very good!	
13-14 Good 英検2級はもう一息!	**/20**
10-12 Fair もっとボキャビルに気合を入れて頑張りましょう!!	

33. 調査

語意で「調査」が頻発するのでそれ以外の語意や「覚え方のコツ」を有効利用しよう！

889	**proof** [prúːf] V R L	証明；証拠；耐久性；品質［耐久］検査 動 prove ～を証明する；判明する
890	**analysis** [ənǽləsis] V R L	分析；解剖 動 analyze/analyse ～を分析する
891	**investigation** [invèstəgéiʃən] V R L W S	調査；取り調べ；研究 動 investigate ～を調査する 名 investigator 調査官
892	**probe** [próub] V R L	調査；探査機 ① 動 ～を調査する
893	**inquiry** [inkwáiəri] V R L	調査；質問；問い合わせ 動 inquire 調査する
894	**quest** [kwést] V R L	探究；冒険の旅 ① 動 探究する；探し求める

34. 地理学

地図や地形図を横に置いて、イメージを膨らませながら覚えるのもいいかも！

895	**altitude** [ǽltətjùːd] V R L	高度；標高
896	**canal** [kənǽl] V R L	運河, 水路；管

D
A
Y
17

a scientific proof
科学的<u>証拠</u>

💡 waterproof (ウォータープルーフ) は「防水」

make an analysis **of the data**
データの<u>分析</u>をする

💡 「経済アナリスト」は経済を分析する金融のプロ

a criminal investigation
犯罪<u>調査</u>

💡 真実や原因を究明するための調査

a probe **on the surface of the moon**
月面<u>探査機</u>

💡 綿密で徹底的な調査、またはその為の道具を指す

a scientific inquiry
科学<u>研究</u>

💡 イギリスでは「問い合わせ」は enquiry

a never-ending quest **for truth**
終わることのない真理の<u>探求</u>

💡 『ドラゴンクエスト』は冒険の旅をするゲーム

fly at an altitude **of 10.000 meters**
<u>高度</u>1万メートルを飛行する

💡 スポーツの「高地トレーニング」は high-altitude trainig

the Panama Canal
パナマ<u>運河</u>

💡 運河に似せた博多に Canal City がある

259

897	**equator** [ikwéitər] V R L	赤道

898	**frontier** [frʌntíər] V R L W S	国境（地帯）；辺境；最先端

899	**meadow** [médou] V R	牧草地；草原

900	**wilderness** [wíldərnis] V R L	荒野；未開の地

901	**region** [rí:dʒən] V R L W S	地方；地帯 形 **regional** 地域の

902	**district** [dístrikt] V R L W S	（行政的区画としての）地域；地区

903	**summit** [sʌ́mit] V R L	頂上；頂点；首脳会議

904	**suburb** [sʌ́bə:rb] V R L W S	郊外；近郊 形 **suburban** 郊外の

35. 道路

日頃から（日本語で）よく触れる交通関連のことば！

905	**intersection** [intərsékʃən] V R L	交差点；横切ること 動 **intersect** 交わる；横切る

DAY 17

pass the equator
赤道を (船や飛行機が) 通過する

💡 equa は「等しい」。赤道は地球を等分する線

the frontier **between Russia and China**
ロシアと中国の国境地帯

💡 フロンティア精神は新しい事に果敢に挑むこと

a hillside meadow
丘の斜面の牧草地

💡「めど」がつくまで草地で昼寝

the Alaskan wilderness
アラスカの荒野

💡 i の発音が wild (野生) とは異なる

the Arctic region
北極地方

💡「リージョンフリー」とは全世界共通に使える DVD プレイヤーの規格

school districts
学区

💡 dis (分離) から来た語で、ある特色や機能を持った特定の地域

a mountain summit
山の頂上

💡「サミット (summit meeting = 首脳会議)」でお馴染み

the suburbs **of Tokyo**
東京の郊外

💡 sub (副) urb (都市) から

turn right at the intersection
交差点を右折する

💡 inter (間を) sect (切る) ion (こと)、英国では junction

906	**pedestrian** [pədéstriən] ⓋⓇⓁⓌⓈ	歩行者 ① 形 徒歩の；平凡な
907	**lane** [léin] ⓋⓇⓁⓌⓈ	車線；小道
908	**pavement** [péivmənt] ⓋⓇⓁⓌ	舗道；歩道
909	**trail** [tréil] ⓋⓇⓁⓌ	跡；小道 ① 動 ～を追跡する；引きずる

 36. 農業 畑や農家など、具体的にイメージしやすいグループ！

910	**crop** [kráp] ⓋⓇⓁⓌ	作物；収穫量 ① 動 ～(の先端)を刈る
911	**wheat** [hwíːt] ⓋⓇⓁ	(穀物としての)小麦
912	**agriculture** [ǽgrikÀltʃər] ⓋⓇⓁⓌⓈ	農業；農学 形 agricultural 農業の
913	**orchard** [ɔ́ːrtʃərd] ⓋⓇⓁ	果樹園
914	**pesticide** [péstəsàid] ⓋⓇ	殺虫剤；除草剤

a pedestrian path
歩行者用通路

💡 ped は足に関する表現。「ペディキュア」など

lane changes
車線変更

💡 プールにあるレーンでおなじみ

walk on the pavement
舗道を歩く

💡 イギリスで舗装した歩道を指す、アメリカでは sidewalk が一般的

a mountain trail
山の小道

💡 関連語の trailer (トレーラー) はエンジン付きの車にけん引される車

grow a wide variety of crops
さまざまな作物を育てる

💡 a crop circle (ミステリーサークル) は畑に出現する

a field of wheat
小麦畑

💡 小麦粉が白い (white) ことから

large-scale agriculture
大規模農業

💡 agri (畑) + culture (耕作) から

an apple orchard
リンゴ園

💡 「ブドウ園」は vineyard

water pollution by pesticides
殺虫剤による水質汚染

💡 pest は「疫病」の意味が転じて「害虫」を表す

| 915 | **plow / plough** [pláu] V R | すき；すきに似た道具 ① 動 ～を耕す；かき分けて進む |
| 916 | **weed** [wíːd] V R L W S | 雑草 ① 動 取り除く |

37. 能力・知性

「キャパシティ」や「ポテンシャル」、「ウィット」など、既にカタカナで知っている言葉も多い！

917	**capability** [kèipəbíləti] V R L	能力；性能；手腕 形 capable 有能な
918	**capacity** [kəpǽsəti] V R L W S	収容力；才能；能力
919	**potential** [pəténʃəl] V R L W S	潜在能力；可能性
920	**vitality** [vaitǽləti] V R L W S	生命力；活力
921	**insight** [ínsàit] V R L W	洞察力；見識
922	**intelligence** [intélədʒəns] V R L W S	知能；情報機関 形 intelligent 知能の高い；理解力のある
923	**wit** [wít] V R L W S	機知；ウィット 形 witty 機知のある；気の利いた

DAY 17

snow plow trucks
除雪車

💡 発音に注意！

pull out the weed
雑草を抜く

💡 seaweed は「海藻」

the management capability
経営能力

💡 難しい事すらこなす能力のこと

the capacity for learning
学習能力

💡「キャパがある」という表現はこの言葉から

have a potential for success
成功の可能性がある

💡 未来の可能性を秘めている力

economic vitality
経済的活力

💡「バイタリティーが豊富」とは生き抜く創意工夫ができる様子

gain an insight into the cause
原因を洞察する（見抜く）

💡 in (中) を sight (見る) こと

artificial intelligence
AI（人工知能）

💡 米 国 の Ｃ Ｉ Ａ と は Central Intelligence Agency（中央情報局）

a speech full of wit
機知にとんだ演説

💡 at one's wits' end で「途方に暮れて」

38. 場所・状況
ニュアンスの違いまで捉えるには例文フレーズが有効！

924	**surrounding** [səráundiŋ] ⓋⓇⓁ	周囲；環境 ❗形 周囲の 動 surround 取り囲む
925	**scenery** [sí:nəri] ⓋⓇⓁⓌ	(ある土地の全体の) 風景；景色；景観
926	**site** [sáit] ⓋⓇⓁⓌⓈ	(事件・事業などの) 現場；用地；敷地
927	**landscape** [lǽndskèip] ⓋⓇⓁⓌ	風景；見晴らし；風景画

39. 人・人間関係
社会的な立場・人物を表す言葉は意外とたくさんある。まとめて一網打尽にしてしまおう！

928	**spectator** [spékteitər] ⓋⓇⓁ	観客；見物人
929	**acquaintance** [əkwéintəns] ⓋⓇⓁ	知り合い；面識；知識
930	**bachelor** [bǽtʃələr] ⓋⓇ	独身男性；学士 (大卒の学位)
931	**coward** [káuərd] ⓋⓇⓁⓌⓈ	臆病者；卑怯者 形 cowardly 臆病な

surrounding **countries** 周辺国	💡「環境」という意味では通例複数形
the scenery **of the mountains** 山々の風景	💡 borrowed scenery は「借景」
the construction **site of a new school** 新しい学校の建設現場	💡 place は一般的な場所、site は特定の場所を指す
a rural landscape 田舎の風景	💡 a political landscape は「政治的な展望」

spectators **at a baseball game** 野球の試合の観客	💡 spect (見る) から spectacle (見世物) inspection (視察) など
an old acquaintance 古い知り合い	💡 friend ほどの親しさはない人
an elderly bachelor 年配の独身男性	💡『バチェラー』はアメリカ発の婚活バラエティ番組
act like a coward 卑怯なまねをする	💡 スラングで「臆病者」のことを chicken ともいう

932	**heir** [έər] V R	相続人；後継者
933	**humankind** [hju:mənkáind] V R L	人類；人間
934	**successor** [səksésər] V R L	後任者；相続者
935	**youngster** [jʌ́ŋstər] V R L	若者；子供
936	**ancestor** [ǽnsestər] V R L W S	祖先；前身
937	**descendant** [diséndənt] V R L	子孫；末裔 動 descend 下る；降りる 反 ancestor 祖先
938	**divorce** [divɔ́:rs] V R L W S	離婚；分離
939	**infant** [ínfənt] V R L	幼児；乳児

40. 労働・仕事・義務
抽象名詞を覚えるには……そう！ 例文フレーズと「覚え方のコツ」！

940	**burden** [bə́:rdn] V R L W S	重荷；負担

the heir to the throne
王位継承者

🗣 リスニングで注意！ air (空気) と同じ発音

the future of humankind
人類の将来

🗣 mankind や womankind という表現もある

his successor as president
社長としての彼の後任者

🗣 succeed (後を継ぐ) 人

today's Japanese youngsters
今日の日本の若者

🗣 ster (関係ある人) には gangster (ギャングの一員) などがある

the ancestor of the Japanese
日本人の祖先

🗣 祖父母よりも前の世代を指す

a direct descendant of Queen Victoria
ヴィクトリア女王の直系の子孫

🗣 人が descend (降りる) →子孫となる

the divorce rate in Japan
日本の離婚率

🗣 di (離れて) vorce (向きを変える) こと

a new-born infant
新生児

🗣 まだ fant (話す) ことが in (できない) 子供

carry the burden
重荷を背負う

🗣 「運ぶもの」が元々の意味

941	**mission** [míʃən] V R L W S	使命；任務 ①動 派遣する 名 missionary 宣教師
942	**occupation** [àkjupéiʃən] V R L W	職業；占領 動 occupy 占有する；従事する
943	**routine** [ru:tí:n] V R L W S	日課；所定の手順
944	**obligation** [àbləgéiʃən] V R L	義務；責任；恩義 動形 obligate ～に義務を負わせる；必須の 動 oblige 義務付ける

41. 傾向・予測

「モード」や「トレンド」はカタカナ語で知っているかもしれないが、きちんと語意をチェックしよう！

945	**mode** [móud] V R L W	様式；流行；形態
946	**trend** [trénd] V R L W S	流行；風潮；傾向
947	**forecast** [fɔ́:rkæst] V R L W S	予報；予測 ①動 ～を予報する
948	**opportunity** [àpərtjú:nəti] V R L W S	好機；成功の見込み 副 probably おそらく
949	**probability** [pràbəbíləti] V R L	見込み；確率 副 probably おそらく

270

DAY 17

carry out a dangerous mission 危険な任務を実行する	💡「ミッションコンプリート (任務完了)！」はゲームなどでお馴染み
illegal occupation 不法占拠	💡 occupation は生計を立てるための、work は励むべき仕事
my daily routine 毎日の日課	💡 route (旅慣れた道) から来ている
a legal obligation 法律上の義務	💡「義理」は a moral obligation
the modes **of transportation** 移動様式	💡 携帯のマナーモードは音に配慮した消音の状態
the latest trend **in dance music** ダンス音楽の最新の流行	💡「トレンドを意識した服装」など、よく聞く外来語
a weather forecast 天気予報	💡 fore (前もって) cast (投げる) ことから
an opportunity **for a new business** 新しいビジネスの好機	💡 chance には偶然の意味が含まれるが opportunity には含まれない
the probability **of success** 成功の見込み	💡 Probably. は Maybe. より信頼感を与える答え方

271

Review Quiz ⑰　日本語に合うように、空所に英単語を入れましょう。

1 大規模農業
large-scale _____

2 科学的証明
a scientific _____

3 パナマ運河
the Panama _____

4 経営手腕
the management _____

5 年配の独身男性
an elderly _____

6 毎日の日課
my daily _____

7 歩行者専用通路
a _____ path

8 重荷を背負う
carry the _____

9 田舎の風景
a rural _____

10 人工知能
artificial _____

正解

1. agriculture
2. proof
3. Canal
4. capability
5. bachelor
6. routine
7. pedestrian
8. burden
9. landscape
10. intelligence
11. infant
12. surrounding
13. occupation
14. analysis
15. trail
16. pavement
17. orchard
18. summit
19. vitality
20. districts

11 新生児
a new-born _____

12 周辺国
_____ countries

13 不法占拠
illegal _____

14 データの分析をする
make an _____ of the data

15 山の小道
a mountain _____

16 舗道を歩く
walk on the _____

17 リンゴ園
an apple _____

18 山の頂上
a mountain _____

19 経済的活力
economic _____

20 学区
school _____

42. 物理・化学

日常会話ではあまり使わないが、なじみがないわけではない単語ばかり！

950	**odor / odour** [óudər] V R	におい；臭気
951	**perfume** [pə́ːrfjuːm] V R L W S	香り；香水
952	**outlet** [áutlet] V R L W S	電気コンセント；出口
953	**fluid** [flúːid] V R	液；流動体 ① 形 流動性を持つ
954	**gravity** [grǽvəti] V R	重力；引力；重大さ
955	**particle** [páːrtikl] V R	粒子；微粒子
956	**radiation** [rèidiéiʃən] V R	放射線；(光；熱などの) 放射 (能)；発散 動 radiate 放射する；まき散らす 形 radioactive 放射性の；放射能のある
957	**hydrogen** [háidrədʒən] V R	水素
958	**flame** [fléim] V R	炎；(燃えるような) 情熱 ① 動 炎を上げて燃える；燃やす

body odors
体臭

💡 オーデコロンでおなじみ

wear perfume
香水をつける

💡 パフューム (香水) でおなじみ

put the plug into the outlet
プラグをコンセントに差し込む

💡 アウトレットモールは商品が売り出される商業施設

cleaning fluid
洗浄液

💡 flu (流れる) が語幹。他にinfluence (影響) など

the law of gravity
重力の法則

💡 the gravity of the situation は「事の重大さ」

an elementary particle
素粒子

💡 part (部分) から来た語

a radiation **leak**
放射能漏れ

💡「放射線治療」は radiation therapy (セラピー)

a hydrogen **bomb**
水素爆弾

💡 化学式 H_2O (水) は hydrogen (水素) 2個と oxygen (酸素) 1個

the flame **of a candle**
ロウソクの炎

💡「フレーム (額縁= frame)」と混同しないように!

275

959	**substance** [sʌ́bstəns]　V R L	物質；本質；薬物
960	**explosion** [iksplóuʒən]　V R L W S	爆発；急激な増加；成長 動 explode　爆発する；〜を爆発させる 形 explosive　爆発性の；急激な
961	**phenomenon** [finámənàn]　V R L W S	現象；事象；驚異的な人

43. 余剰・不要
「いらないもの」「よけいなもの」を表す6つの単語。「ごみ」系単語のニュアンスをチェック！

962	**pastime** [pǽstàim]　V R L W S	娯楽；気晴らし
963	**litter** [lítər]　V R L W S	散乱したゴミ；くず；がらくた ① 動 散らかす
964	**rubbish** [rʌ́biʃ]　V R L	がらくた；ゴミ；ばかげた事
965	**scrap** [skrǽp]　V R L	断片；くず ① 動 〜を廃棄する
966	**rag** [rǽg]　V R	ぼろぼろの服；切れ端
967	**fragment** [frǽgmənt]　V R	破片；断片 ① 動 ばらばらになる 形 fragile　もろい；壊れやすい

276

a chemical substance
化学物質

☿ 変わらずsub（下に）stance（立っている）もの

There was a gas explosion **in the area**
近所でガス爆発があった

☿ population explosion は「爆発的な人口の増加」

a social phenomenon
社会現象

☿ 複数形は phenomena

D
A
Y
18

play cards for a pastime
気晴らしにトランプをする

☿ pass（過ごす）+ time（時間）を楽しむこと

clean up the roadside litter
道端に散乱したゴミを片付ける

☿「わらの寝床」が語源で、細かいわらが散れるイメージ

a rubbish **dump**
ゴミ捨て場

☿ It's rubbish.（くだらない）は英国でよく使う表現

scrap **metals**
くず鉄

☿「スクラップブック」は記事の切り抜きや写真などを貼り集めたノート

a dry rag
乾いたぼろ布

☿ 縫いぐるみのお人形を a rag doll という

fragments **of information**
断片的な情報

☿ glass fragments は「（割れた）ガラスの破片」

277

44. 恐怖・苦悩
できれば体験したくないことばかりの10語だが、意味は知っておこう！

968	**despair** [dispéər] V R L W S	絶望；失望；落胆 ①動 絶望する 形 desperate 絶望的な
969	**hardship** [há:rdʃip] V R L	苦難；困難
970	**misery** [mízəri] V R L	惨めなこと；不幸 形 miserable みじめな；不幸な
971	**nightmare** [náitmèər] V R L W S	悪夢；恐ろしい経験
972	**strain** [stréin] V R	緊張；重圧；過労 ①動 ～を引っ張る
973	**threat** [θrét] V R L W	脅し；脅威 動 threaten 脅かす
974	**fright** [fráit] V R L	恐怖；ぎょっとするもの 動 frighten 怖がらせる；ぎょっとする
975	**obstacle** [ábstəkl] V R L W S	障害（物）；邪魔

278

He killed himself in despair.
彼は絶望して自ら命を絶った。

💡 disappointment は期待、希望が叶わない失望、despair は望みがない深い失望

overcome a lot of hardships
多くの苦難を乗り越える

💡 hard (困難な) ship (状態)

D
A
Y
18

live in misery
惨めな生活を送る

💡 映画『ミザリー』は S・キング原作のサイコホラー

have a terrible nightmare
ひどい悪夢にうなされる

💡 古くは悪夢を見せる魔女を意味

have a muscle strain
筋挫傷 (肉離れ) になる

💡 ぴんと張って stress (圧) がかかり疲労するイメージ

a threat of military action
軍事活動の脅威

💡 thread (糸) や sweat (汗) との聞き間違いに注意！

He turned pale with fright.
彼は恐怖で青ざめた。

💡 驚くほどの突然の強い恐怖

an obstacle to the project
プロジェクトの障害となるもの

💡 an obstacle course は (障害物コース) は身体のトレーニングに用いられる

976	**barricade** [bǽrəkèid] V R L W	障害物；バリケード ① 動 バリケードを築く

45. 資源・材料

環境問題について触れる際、特によく目にする単語ばかりではないでしょうか。

977	**fuel** [fjú:əl] V R L W S	燃料；刺激 ① 動 燃料を補給する；あおる
978	**ingredient** [ingrí:diənt] V R L W	材料；成分
979	**petrol** [pétrəl] V R L W	ガソリン
980	**timber** [tímbər] V R L	木材；立木
981	**resource** [rí:sɔːrs/rizɔ́:s] V R L W S	資質；資源；資産 ① 動 ～に供給する
982	**component** [kəmpóunənt] V R L	構成要素；部品；成分

46. 目的・企て

抽象名詞を覚えるには……そう！ 例文フレーズと「覚え方のコツ」！

983	**attempt** [ətémpt] V R L W S	試み；企て ① 動 ～を試してみる；企てる

set up a barricade
バリケードを築く

🔆 a human barricade は「人間バリケード」

---

run out of fuel
燃料がなくなる

🔆 fuel a boom で「ブームを巻き起こす」ことも表す

the ingredient **of a cake**
ケーキの材料

🔆 in (中に) gredi (向かう) から、中身のこと

---

a petrol engine
ガソリンエンジン

🔆 アメリカではガソリンを gas と呼ぶことが一般的

---

well-seasoned timber
よく乾燥させた木材

🔆 建築用の材木のこと。lumber ともいう

---

natural resources
天然資源

🔆 souce (源) となる能力・財力など

---

chemical components
化学成分

🔆 コンポ (stereo component system) は和製英語

---

fail in an attempt **to escape**
逃亡の企てに失敗する

🔆 temptation (誘惑) されると、tempt (試し) たくなる

281

984	**object** [ábdʒikt] V R L W	物体；対象；目的 ① 動 反対する 形 名 objective 客観的な／(具体的な)目的
985	**motive** [móutiv] V R L	動機；目的 動 motivate ～に動機を与える 名 motivation 動機づけ
986	**strategy** [strǽtədʒi] V R L W S	作戦；戦略；方策
987	**aim** [éim] V R L W S	目標；目的 ① 動 を向ける
988	**trial** [tráiəl] V R L W S	試み；裁判 ① 形 試験的な

47. 熱意・本能

「欲」や「熱」にまつわる5つの単語！

989	**impulse** [ímpʌls] V R	衝動；衝撃
990	**appetite** [ǽpətàit] V R L	食欲；欲望
991	**desire** [dizáiər] V R L W S	願望；欲望 ① 動 ～を強く望む 形 desirable 望ましい
992	**ambition** [æmbíʃən] V R L W S	熱望；野心 形 ambitious 野心的な；熱望している

the object of interest
興味の<u>対象</u>

💡 文法用語のOは object (目的語) のこと

a motive for a crime
犯罪の<u>動機</u>

💡 motive は「隠された動機」、 motivation は「前向きな動機」

a business strategy
ビジネス<u>戦略</u>

💡 「ストラテジーゲーム」はPCゲームのジャンル

achieve the aim
<u>目標</u>を達成する

💡 努力して狙うこと

by trial and error
<u>試行</u>錯誤によって

💡 tri (試みる) こと

D
A
Y
18

impulse buying
<u>衝動</u>買い

💡 一時的に心が pulse (押される) こと

have a good appetite
<u>食欲</u>がある

💡 appetizer (アペタイザー) は食欲を刺激する食前酒や前菜のこと

a strong desire to learn
学びたいという強い<u>願望</u>

💡 sire (星) の出現を望むこと

the ambition to become a politician
政治家になりたいという<u>野望</u>

💡 「少年よ、大志を抱け」は Boys, be ambitious.

993	**instinct** [ínstiŋkt] VRLWS	本能；直観
		形 instinctive 本能的な

48. 利点・欠点
利点チーム2語 VS 欠点チーム3語！　くらべてまとめて覚えちゃおう！

994	**merit** [mérit] VRLWS	長所；功績；手柄
995	**benefit** [bénəfit] VRLWS	利益；恩恵 ① 動 ためになる
996	**fault** [fɔːlt] VRLWS	(誤り・落ち度の) 責任；(小さな) 欠陥
997	**demerit** [dimérit] VRLWS	短所；欠点；罰点
998	**disadvantage** [dìsədvǽntidʒ] VRLWS	不利な立場；不都合；欠点

animal instincts
動物の<u>本能</u>

💡 in (中で) stinct (突き刺す) ような内部からの衝動

There is no merit in making a contract with A.
A社と契約する<u>価値</u>がない。

💡 メリット (利点) でおなじみ

D
A
Y
18

work for the benefit of the poor
貧しい人たちの<u>利益</u>のために取り組む

💡 bene は良い (good) の意味

Sorry, this is my fault.
すまない、私の<u>責任 (落ち度)</u> だ。

💡 テニスのサーブの失敗を「フォルト」という

have merits and demerits
一長一<u>短 (短所)</u> がある

💡 de (否定) merit (長所)

the advantagaes and disadvantages of Social Netwoking Sites
SNSの利点と<u>欠点</u>

💡 dis (否定) advantage (有利な点)

285

Review Quiz ⑱　日本語に合うように、空所に英単語を入れましょう。

1 ビジネス戦略
a business ＿＿＿＿＿＿＿＿＿＿

2 体臭
body ＿＿＿＿＿＿＿＿＿＿

3 くず鉄
＿＿＿＿＿＿＿＿＿＿ metals

4 重力の法則
the law of ＿＿＿＿＿＿＿＿＿＿

5 放射線漏れ
a ＿＿＿＿＿＿＿＿＿＿ leak

6 犯罪の動機
a ＿＿＿＿＿＿＿＿＿＿ for a crime

7 政治家になりたいという野望
the ＿＿＿＿＿＿＿＿＿＿ to become a politician

8 化学物質
a chemical ＿＿＿＿＿＿＿＿＿＿

9 試行錯誤によって
by ＿＿＿＿＿＿＿＿＿＿ and error

10 惨めな生活を送る
live in ＿＿＿＿＿＿＿＿＿＿

正解

1. strategy
2. odors
3. scrap
4. gravity
5. radiation
6. motive
7. ambition
8. substance
9. trial
10. misery
11. ingredient
12. fragments
13. instincts
14. impulse
15. fluid
16. demerits
17. fuel
18. hardships
19. obstacle
20. resources

11 ケーキの材料
the _____ of a cake

12 断片的な情報
_____ of information

13 動物の本能
animal _____

14 衝動買い
_____ buying

15 洗浄液
cleaning _____

16 一長一短がある
have merits and _____

17 燃料がなくなる
run out of _____

18 多くの苦難を乗り越える
overcome a lot of _____

19 プロジェクトの障害となるもの
_____ to the project

20 天然資源
natural _____

19-20 Outstanding! 英検2級余裕合格できるレベル！		Your score
17-18 Excellent! 英検2級合格レベル。		
15-16 Very good!		
13-14 Good 英検2級はもう一息！		**/20**
10-12 Fair もっとボキャビルに気合を入れて頑張りましょう!!		

英検2級反意語で必須語彙力 UP！①：動詞編

□ accept（受諾する）⇔ refuse, decline（断る）

□ acknowledge, admit（認める）⇔ deny（否認する）

□ attach（結び付ける）⇔ detach（取りはずす）

□ blame（責める）⇔ praise（褒める）

□ employ（雇う）⇔ fire, dismiss, discharge（解雇する）

□ encourage（勇気づける）⇔ discourage（落胆させる）

□ include（含める）⇔ exclude（除く）

□ lift, raise（ものを上げる）⇔ lower（下ろす）

□ respect（尊敬する）⇔ despise（軽蔑する）

□ reveal（明らかにする）⇔ conceal（秘密にする）

□ shorten（短くする）⇔ lengthen（長くする）

□ strengthen（強める）⇔ weaken（弱める）

□ tighten（きつく締める）⇔ loosen（緩める）

□ understand（理解する）⇔ misunderstand（誤解する）

英検２級反意語で必須語彙力 UP！②：形容詞編

□ abstract（抽象的な）⇔ concrete（具体的な）

□ abundant, plentiful, ample（豊富な）⇔ scarce（乏しい）

□ accidental（偶然の）⇔ deliberate（故意の）

□ active（積極的な）⇔ passive（消極的な）

□ conservative（保守的な）⇔ progressive（進歩的な）

□ cowardly（臆病な）⇔ brave（勇敢な）, courageous（勇気ある）

□ domestic（国内の）⇔ foreign（外国の）

□ excessive（量や程度が過度の）⇔ moderate（適度の）

□ friendly（友好的な）⇔ hostile（敵意をもった）

□ guilty（有罪の）⇔ innocent（無実の）

□ horizontal（水平の）⇔ vertical（垂直の）

□ late（遅刻した）⇔ punctual（時間厳守の）

□ mental（精神の）⇔ bodily, physical（肉体の）

□ natural（自然のままの）⇔ artificial（人工的な）

□ obvious（明白な）
　　⇔ vague（あいまいな）, obscure（不明瞭な）

□ optimistic（楽観的な）⇔ pessimistic（悲観的な）

□ positive, affirmative（肯定的な、積極的な）
　　⇔ negative（否定的な、消極的な）

□ superior（優れた）⇔ inferior（劣った）

□ temporary（一時的な）
　　⇔ permanent（永続的な）, eternal（永遠の）

□ urban（都会の）⇔ rural（田舎の）

□ voluntary（自発的な）⇔ compulsory（強制的な）

□ wild（野生の）⇔ domestic, tame（飼いならされた）

1. する・行う

999	**carry out ~** ⓋⓇⓁⓌⓈ	～を実行する；やり遂げる
1000	**go through ~** ⓋⓇⓁⓌ	～を経験する；耐え抜く；通り過ぎる
1001	**give ~ a try** ⓋⓇⓁⓌⓈ	～を試してみる；試しにやってみる
1002	**go ahead with ~** ⓋⓇⓁⓌⓈ	～を進める；～を実行する

2. させる・してもらう

1003	**get A to ~** （動詞原形） ⓋⓇⓁⓌⓈ	Aに～させる；A（人）に～してもらう
1004	**get [have] A ~** （過去分詞） ⓋⓇⓁⓌⓈ	Aを～してもらう；Aを～される

3. わかる・知っている・解決する

1005	**figure out~** ⓋⓇⓁⓌ	理解する；～を解決する

We need to carry out more research. もう少しリサーチ (調査) を行う必要がある。	💡 言い換えると achieve、accomplish など
She went through great hardship. 彼女は大きな苦痛を経験した。	💡 言い換えると experience など
Why not give it a try? 試しにそれをやってごらん。	💡 「ちょっと」やってみること
Go ahead with the new project. 新しいプロジェクトを進めなさい。	💡 Go ahead! (さあ、どうぞ) は口語でよく使う表現

DAY 19

The doctor got him to stop smoking. 医者は彼に喫煙を (やめ) させた。	💡 「(人を説得して) ～してもらう」こと
I got [had] my cellphone repaired. 私は携帯電話を (修理) してもらった。	💡 get this done は「終えてしまう」こと
I can't figure out the cause. その原因がわかりません。	💡 言い換えると understand、work out など

291

1006	**make sense** V R L W S	意味をなす；道理にかなう
1007	**turn out to be ~** V R L W S	～と判明する；結果～だとわかる
1008	**know of ~** V R L W S	～について知っている；心あたりがある
1009	**make out ~** V R L W	～がわかる；理解する
1010	**settle down** V R L W S	落ち着く；落ち着かせる

4. つくる・壊す

1011	**be made from[of] ~** V R L W S	～から作られる；～で出来ている
1012	**break up** V R L W S	(関係・友情などが) 壊れる；分解する；解散する
1013	**break down** V R L W S	故障する；壊れる；分析する
1014	**put together ~** V R L W S	～を組み立てる；まとめる

It doesn't make sense.
それは筋が通りません。

💡 That makes sense！で「なるほど、わかった。」という意味

His explanation turned out to be a lie.
彼の説明はうそだとわかった。

💡 It turns out that〜「〜だとわかる」

I know of him.
彼 (の名前もしくは存在) を知っている。

💡 名前や存在だけを知っている場合に使う

I can't make out **what it says.**
何と書いてあるのかわからない。

💡 判読する、聞き分けるという意味もある

When things settle down, I'll give you a call.
落ち着いたら電話します。

💡 settle down to a new life で「新しい生活に落ち着く」

D A Y 19

Wine is made from grapes.
ワインはブドウから作られる。

💡 見てわかる材料から作られる場合は be made of 〜

I broke up with him.
彼とは別れた。

💡 関係や物が壊れた後、何も残っていないイメージ

My car broke down while I was going to work.
仕事に行く途中で車が故障した。

💡 ビジネスでは「細分化、分析する」という意味で使われる

Put the team together!
チームをまとめよ！

💡 考えや情報、人をまとめる時に使う

5. はじめる・起こる・引き起こす

1015	turn on ~ [V][R][L][W][S]	(電源) を入れる；(ガス・水など) を出す
1016	break out [V][R][L][W][S]	(災害・戦争などが) 勃発する；出火する
1017	bring about ~ [V][R][L][W]	~をもたらす；~を引き起こす
1018	come about [V][R][L]	起こる, 生じる；発生する
1019	give birth to ~ [V][R][L][W][S]	出産する；~を生じる；~の原因となる
1020	go off [V][R][L][W][S]	(警報などが) 鳴る；爆発する；腐る
1021	take up ~ [V][R][L][W][S]	~を始める；~に就く；(問題など) を取り上げる
1022	turn to ~ [V][R][L][W][S]	~に取り掛かる；~に変化する；~を頼る

Please turn on the light.
電気を点けてください。

💡 「電気を消す」は turn off the light

A fire broke out in the building yesterday.
昨日、その建物で火事があった(発生した)。

💡 関連する名詞は outbreak「勃発、発生」と breakout「脱獄、包囲突破」があるので注意!

The new law will bring about big changes.
新しい法律は大きな変化をもたらすだろう。

💡 変化をもたらすことが多い

This is how the conflict came about.
このようにして争いは起こった。

💡 bring about 〜「〜を引き起こす」と混同しないように注意!

Emma gave birth to a baby girl.
エマは女の子を出産した。

💡 deliver「出産する」より一般的

Suddenly, the alarm went off.
突然、警報が鳴った。

💡 目覚まし時計が鳴るも go off を使う

I've taken up Yoga.
ヨガを始めました。

💡 場所や時間を取るという意味でも使う

We will turn to a new project next month.
来月、私たちは新しいプロジェクトに取り掛かる予定だ。

💡 have no one to turn to で「頼れる人がいない」

DAY 19

295

6. 終える・終わる・結果

1023	end up ~ V R L W S	～の結果に終わる；最終的に～になる
1024	result in ~ V R L W S	～の結果になる；～することになる
1025	be through with ~ V R L	～を終えている；～と絶交する
1026	be done with ~ V R L W S	～を終えている；～を終える
1027	drop out V R L W S	脱落する；中退する
1028	only to ~（動詞原形）V R L	結局～するだけだ；～するしかない

 7. 明らかになる・現れる・表す・見せる

| 1029 | come out V R L W S | (真実などが) 明るみに出る；世にでる；抜け出る |
| 1030 | stand out V R L W S | 目立つ；際立つ |

Bob ended up **quitting the company.** ボブは結局会社を辞めてしまった。	🔅 end up ~ingの形で覚えよう！
The attempt resulted in **a failure.** その企ては失敗に終わった。	🔅 result from ~「~に起因する」も覚えよう！
When will you be through with **your work?** いつ仕事が終わるのですか。	🔅 be done with ~とほぼ同じ
I am done with **my report.** 私はレポートを終えました。	🔅 イギリス英語では have done with~
The runner dropped out **of the leading group.** そのランナーは先頭集団から脱落した。	🔅 图 dropout は「脱落 (者)、中退 (者)」
I arrived only to find **that others had already left.** 私が到着した時には、みんなもう出発した後だった (ただ出発したのを(知る)だけだった)。	🔅 only to を使いこなせたら上級者！
Finally, the scandal came out. ついにそのスキャンダルは明るみに出た。	🔅 カミングアウトでおなじみ
The tall man stood out **in the crowd.** その背の高い男の人は群衆の中で目立っていた。	🔅 圈 outstanding は「目立った、突出した」

D
A
Y

19

297

1031	**come to light** V R L	明るみに出る；ばれる；表沙汰になる
1032	**show off ~** V R L W S	～を見せびらかす；～を引き立てる
1033	**show A to [into] B** V R L W S	A（人）をB（場所）へ案内する；AをBまでお連れする
1034	**turn up ~** V R L W S	現れる；（音量などを）上げる

8. 大きくする・小さくする

1035	**bring down ~** V R L W S	～を落とす；～を落ち込ませる
1036	**bring up ~** V R L W S	～を育てる；～を持ってくる；～を上げる
1037	**come down** V R L W S	（価格などが）下がる；落ちる
1038	**turn down ~** V R L W S	（音量などを）小さくする；拒絶する

His secret came to light.
彼の秘密は明るみに出た。

🔆 言い換えると be revealed や be disclosed など

She showed off her brand-name bag.
彼女はブランドバッグを見せびらかした。

🔆 She's a show-off. は「彼女は目立ちたがり屋だ」

He showed his client to a table.
彼は顧客を席へ案内した。

🔆 I'll show you around. (この辺りをご案内します) も覚えよう!

He will turn up later.
彼は後で現れるだろう。

🔆 turn up the volume で「音量を上げる」

D
A
Y
19

The economic change brought down the prices of goods.
経済の変動によって物価が下がった(下げられた)。

🔆 気分を落ち込ませるという意味も!

She brought up five children.
彼女は5人の子供を育てた。

🔆 grow up (育つ) と混同しないように

Oil prices came down from last year.
石油価格が昨年よりも下がった。

🔆 bring down ~ (~を下げる) と混同しないように!

Please turn the radio down.
ラジオの音量を小さくしてください。

🔆 turn up (大きくする) とペアで覚えよう! turn down the offer で「申し出を断る」

9. 手に入れる・出会う・〜に向かう

1039	**drop in at ~** ☐ ☐ V R L W S	(場所) に立ち寄る；訪れる
1040	**take over ~** ☐ ☐ V R L W S	〜を引き継ぐ；引き取る
1041	**be bound for ~** ☐ ☐ V R L W	〜行きの；〜に向かっている
1042	**come by ~** ☐ ☐ V R L	〜を手に入れる；立ち寄る
1043	**run into [across] ~** ☐ ☐ V R L W S	〜に偶然出会う； 〜とぶつかる

10. 嫌う・不快にさせる

1044	**look down on ~** ☐ ☐ V R L W S	〜を見下す；軽蔑する
1045	**make fun of ~** ☐ ☐ V R L W S	〜をからかう； 〜を笑い者にする
1046	**get in one's way** ☐ ☐ V R L W S	妨げになる；邪魔になる

He dropped in at a bookstore on his way home.
彼は帰りに本屋に立ち寄った。

💡 drop in on~「(人を) 訪れる」

He took over his father's business.
彼は父のビジネスを引き継いだ。

💡 名 takeover は「引き継ぎ、乗っ取り」

This airplane is bound for New York.
当機はニューヨークに向かっています。

💡 電車の英語アナウンスでおなじみ

It is difficult to come by such information.
そのような情報を入手することは難しい。

💡 なんとか手に入れるイメージ

I ran into an old friend of mine.
私は古い友人に偶然出会った。

💡 bump into~ もほぼ同じ意味

DAY 19

He looks down on his classmates.
彼は自分のクラスメートを見下している。

💡 look up to ~は「~を尊敬する」

He always makes fun of me.
彼はいつも私をからかう。

💡 言い換えると tease など

Just don't get in my way.
邪魔しないで。

💡 my way (私の道) の中に get in (入る) で覚えやすい

1047	**get on one's nerves** `V R L`	～をイライラさせる； ～の神経に触る
1048	**let A down** `V R L W S`	Aを失望させる； Aを落ち込ませる
1049	**make a face** `V R L W`	嫌な顔をする； しかめっ面をする

11. コミュニケーション・関係

1050	**have A in common with ~** `V R L W S`	～と共通してAを持つ； ～とAが同じだ
1051	**break with ~** `V R L W S`	～と関係を断つ；捨てる
1052	**do A a favor** `V R L W S`	Aの願いを聞く； Aに恩恵を施す
1053	**drop A a line** `V R L W S`	Aに短い手紙を書く； 連絡する
1054	**get in touch [contact] with ~** `V R L W S`	～と接触する； ～と連絡を取る
1055	**hand down ~** `V R L W S`	(伝統・遺産など) を伝える； 遺産に残す；言い伝える

His manner of speaking gets on my nerves.
彼の話し方にはイライラする。

💡 nerve (神経) の上に乗ってくる→イラ立つ

Don't let me down.
私を失望させないでくれ。

💡 I won't let you down. 「頑張ります (がっかりさせません)」はよく使う口語表現

The little girl made a face when she took the bitter medicine.
その小さな女の子は苦い薬を飲んだ時に顔をしかめた。

💡 pull a face も同じ意味

She has big eyes in common with her sister.
彼女は姉と同じ大きな目をしている。

💡 in common は「共有の、共有して」

You need to break with the tradition.
あなたはその伝統を捨て去る必要がある。

💡 break (破壊する) と違って「関わり」を断つ

Could you do me a favor?
私の願いを聞いてもらえますか。

💡 May I ask you a favor? 「お願いしてもいいですか」も覚えよう!

Please drop me a line.
(手紙やメールで) 連絡をしてください。

💡 if you drop me a line で「ご一報いただければ」

He cannot get in touch with his cousin.
彼は彼の従兄弟と連絡を取ることができない。

💡 keep in touch [連絡を取り合う] も覚えよう!

handed down from generation to generation
代々受け継がれる

💡 裁判で量刑を言い渡すという意味もある

303

1056	**keep company with ~** V R L W S	~と交際する；~と付き合う
1057	**make oneself heard** V R L W S	自分の話が相手に聞こえるようにする

12. 論述・論点

1058	**according to ~** V R L W S	~によれば；~に従って
1059	**in the first place** V R L W S	第一にまず；最初に
1060	**as a matter of fact** V R L W S	実は；実際は；本当のことを言うと
1061	**as far as A is concerned** V R L	Aに関する限り；Aとしては
1062	**as follows** V R	以下のように；次の通りで
1063	**as for ~** V R L W S	~については；~に関しては；~はどうかと言うと
1064	**go into ~** V R L W S	~を詳しく説明する；~に進入する

Don't keep company with those people.
そんな人達と付き合ってはいけません。

💡 company は「付き合い、交際、仲間」

I couldn't make myself heard because of the noise.
騒音のため私の声は届かなかった。

💡 make oneself understood「自分の言いたいことをわかってもらう」も覚えよう！

According to the newspaper, the stock prices increased yesterday.
新聞によると昨日の株価は上昇しました。

💡 ニュースの頻出表現

We must prevent a problem in the first place.
第一にまず我々は問題が起こらないようにしなければならない。

💡 会話では「そもそも」という意味でよく使う

Billy is not here. As a matter of fact, he is in the UK on a business trip.
ビリーはおりません。実は出張でイギリスに行っております。

💡 既に述べたことに付け足す時に使う表現

As far as I am concerned, I have nothing to say.
私としては、何もいうことはありません。

💡 言い換えると、文脈により regarding、in my opinion 等

The choices are as follows.
選択肢は以下の通りです。

💡 このイディオムでは主語にかかわらず常に follows (非人称動詞)

As for me, I don't like that actor.
私はどうかと言うと、あの俳優は好きではありません。

💡 regarding、concerning 等と置き換え可能

I won't go into details now.
今は詳細について説明しません。

💡 他にも数多くの意味があるので辞書で調べてみよう！

D A Y 19

305

1065	**in terms of ~** ☐ ☐ VRL	～に関して；～の点で
1066	**let alone ~** ☐ ☐ VRL	(まして)～は言うまでもなく； ～は勿論のこと

13. 対応する・慣れている・上手くやる

1067	**get along with ~** ☐ ☐ VRLWS	～と上手くやる； ～と仲良くする
1068	**make it** ☐ ☐ VRLWS	うまくいく；時間に間に合う
1069	**be used[accustomed] to~** ☐ ☐ VRLWS	～に慣れている； いつも～し慣れている
1070	**cope with ~** ☐ ☐ VRLWS	～を対処する； ～に折り合いをつける
1071	**deal with ~** ☐ ☐ VRLWS	～に対処する；扱う
1072	**do without ~** ☐ ☐ VRLWS	～なしで済ます； ～なしでやっていく
1073	**get by ~** ☐ ☐ VRLWS	～で何とかやっていく； ～を通り抜ける

In terms of **benefits**, that company is **attractive**.
福利厚生に関して、その会社は魅力的だ。

☼ in terms of safety で「安全面で」

I can hardly read German, let alone speak it.
私はドイツ語をほとんど読むことができない、まして話すことは言うまでもない。

☼ 通例、否定文の後に使う

It is important to get along with your team mates.
チームメイトとうまくやっていくことが重要だ。

☼ 強調するときは well や very well で！

We made it to the train.
私達はなんとか電車に間に合った。

☼ I made it!「やったあ！」はよく使う口語表現

I am used to driving a car.
車の運転に慣れている。

☼ used to~「〜したものだった」と混同しないように！

Working hard was a way of coping with his grief.
一生懸命働く事で彼は悲しみを乗り越えよう(対処しよう)とした。

☼ 精神的に折り合いをつける場合によく使う

She is used to dealing with difficult customers.
彼女は難しい顧客に対応することに慣れている。

☼ 取引するという意味でもよく使う

I cannot do without coffee for breakfast.
朝食にコーヒーなしでは済まされない。

☼ cannot do without~で「(主語にとって) 〜はなくてはならない」

He can get by on his salary.
彼は自分の給料で何とかやっている。

☼ 元は (狭い通りをすり抜ける)→何とかやっていく

307

1074	**make do with ~** V R L W S	～で間に合わせる； ～でなんとか済ます
1075	**make up for ~** V R L W S	～を埋め合わせる；～を補う
1076	**meet one's need** V R L W S	～の必要性を満たす； ～のニーズに応える

14. 入る・加える

1077	**check in ~** V R L W S	(ホテルなどで) 宿泊の手続きをする； (飛行機の) 搭乗手続きをする
1078	**break into ~** V R L W S	押し入る；割り込む； 突然しだす
1079	**bring in ~** V R L W S	～を対処する； ～に折り合いをつける

15. 逃れる・避ける

| 1080 | **keep off ~**
 V R L W S | ～に近寄らない；～を避ける |
| 1081 | **turn away ~**
 V R L W S | (顔・目など) をそらす；
～に背を向ける；
～を拒否する |

Please make do with **what is left** in the refrigerator.
冷蔵庫に残されたもので間に合わせてください。

🔆 do with~「～で済ます」を make (させる) →～でなんとか間に合わせる

He had to make up for the loss.
彼は損失の埋め合わせをしなければならなかった。

🔆 言い換えると compensate for

We meet our customers' needs.
私たちは (お客様) のニーズにお応え致します。

🔆 ビジネスシーンでお決まりの表現

We checked in at the hotel at 10 a.m.
私達は午前10時にホテルにチェックインした。

🔆 入院する、図書の返却をするなど意味多数！

Someone broke into my house yesterday.
昨日誰かが私の家に侵入した。

🔆 break into tears で「突然泣き出す」

It's about time to bring in new members.
そろそろ新しいメンバーを迎え入れる時期だ。

🔆 他にも数多くの意味があるので辞書で調べてみよう！

You should keep off the area at night.
夜間はその地域に近寄らないほうがよい。

🔆 Keep off the grass「芝生立ち入り禁止」はよく見かける看板

He turned away his face in shame.
彼は恥ずかしくて顔をそらした。

🔆 turn away from ～で「～から目をそらす」

16. ～のためになる・役に立つ・利用する

1082	**make use of ~** V R L W S	～を利用する；～を活用する
1083	**do A good** V R L	Aのためになる；Aに効く
1084	**for one's own good** V R L	～のためになる； ～の身のためになる
1085	**of use** V R	役に立って；有益な

17. 差し出す

1086	**turn in ~** V R L W S	～を提出する；～を返却する
1087	**bring out ~** V R L W S	～を発表する；～を持ち出す
1088	**give in ~** V R L W S	(書類など)を提出する； ～を手渡す
1089	**hand in ~** V R L W S	～を提出する；～を差し出す

Why don't you make use of this instead? 代りにこれを使ってみたらどうですか？	💡 言い換えると utilize
Studying foreign languages does you good. 外国語を勉強することはあなたのためになる。	💡 do A harm「Aの害になる」も覚えよう！
He is scolding you for your own good. 彼は (あなた) のために叱っているのですよ。	💡 It's for your own good「あなたのためよ」は親がよく言うセリフ
It will be of use in the future. それは将来に役に立ちます。	💡 言い換えると useful

You need to turn in the report today. 今日、報告書を提出する必要があります。	💡 hand in や submit と言いかえ可能
The company brought out a new product. 会社は新製品を発表した。	💡 bring out one's best で「才能を発揮させる」
You must give in your homework by tomorrow. 明日までに宿題を提出しなければなりません。	💡「降参する」という意味でもよく使われる
Hand in your assignment by this Friday. 今週の金曜日までに課題を提出するように。	💡 手渡しで提出するイメージ

311

1090	**hand out ~** V R L W S	～を配布する；配る

 18. 捨てる・吐き出す・取り除く・片付ける

1091	**get rid of ~** V R L W S	～を取り除く；捨てる
1092	**do away with ~** V R L W S	～を廃止する；捨てる
1093	**leave out ~** V R L W S	～を省く；除外する
1094	**let go of ~** V R L W S	～を手放す；捨て去る
1095	**put aside ~** V R L W S	～をわきに置いておく；(問題など) を考えないようにする
1096	**put A back together** V R L W S	Aを元の状態に戻す；Aを元通りにする
1097	**throw up ~** V R L W S	～を吐く；～を戻す；上に放り上げる

Please hand out flyers in front of the station.
駅前でチラシを配ってください。

💡 **名** a handout は「資料、サンプル」

She needs to get rid of her stress.
彼女はストレスを取り除く必要がある。

💡 言い換えると remove

We should do away with the custom.
我々はその習慣を廃止するべきだ。

💡 言い換えると abolish

He left out the details of the problem.
彼はその問題の詳細を省いた。

💡 言い換えると omit

DAY 19

Let go of negative thoughts.
否定的な考えを捨て去りなさい。

💡 Let go of it. で「諦めろ、放っておけ」

They decided to put aside their differences.
彼らは意見の相違を度外視することにした。

💡 別に取っておく→「貯金する」という意味も！

Take the parts apart and put them back together.
部品を分解して元の状態に戻しなさい。

💡 物だけでなく生活や関係を元に戻す時にも使える

I feel like throwing up.
吐き気がする。

💡 throw up one's hands で「(お手上げで) 降参する」

Review Quiz ⑲　日本語に合うように、空所に英単語を入れましょう。

1 試しにそれをやってごらん。
Why not _____ it _____ _____?

2 その原因がわかりません。
I can't _____ _____ the cause.

3 それは筋が通りません。
It doesn't _____ _____.

4 新プロジェクトをはじめなさい。
_____ _____ _____ the new project.

5 彼は父のビジネスを引き継いだ。
He _____ _____ his father's business.

6 私はレポートを終えました。
I _____ _____ _____ my report.

7 私の願いを聞いてもらえますか。
Could you _____ me _____ _____?

8 車の運転は慣れている。
I _____ _____ _____ driving a car.

9 彼はいつも私をからかう。
He always _____ _____ _____ me.

10 ワインはブドウから作られる。
Wine _____ _____ _____ grapes.

正解
1. give ~ a try
2. figure, out
3. make, sense
4. Go ahead with
5. took, over
6. am, done, with
7. do, a, favor
8. am, used, to
9. makes, fun, of
10. is made from
11. do, away, with
12. brought, out
13. of, use
14. went, off
15. got[had],repaired
16. broke, into
17. let, down
18. brought up
19. came, to, light
20. as, follows

314

11 我々はその習慣を廃止するべきだ。

We should _____ _____ _____ the custom.

12 会社は新製品を発表した。

The company _____ _____ a new product.

13 それは将来役に立ちます。

It will be _____ _____ in the future.

14 突然警報が鳴った。

Suddenly, the alarm _____ _____.

15 私は携帯電話を修理してもらった。

I _____ my cellphone _____.

16 昨日誰か他が私の家に侵入した。

Someone _____ _____ my house yesterday.

17 私を失望させないでくれ。

Don't _____ me _____.

18 彼女は5人の子供を育てた。

She _____ _____ five children.

19 彼の秘密は明るみに出た。

His secret _____ _____ _____.

20 選択肢は以下の通りです。

The choices are _____ _____.

英検2級反意語で必須語彙力 UP! ③：名詞編

- agreement (同意) ⇔ objection (異議), opposition (反対)
- ancestor (祖先) ⇔ descendant (子孫)
- body, flesh (肉体) ⇔ mind (心), soul (魂), spirit (精神)
- comedy (喜劇) ⇔ tragedy (悲劇)
- concentration (精神の集中) ⇔ distraction (注意力散漫)
- emigration (他国への移住) ⇔ immigration (入植)
- hope (希望) ⇔ despair (絶望)
- landing (着陸) ⇔ takeoff (離陸)
- majority (大多数) ⇔ minority (少数)
- marriage (結婚) ⇔ divorce (離婚)
- maximum (最大限) ⇔ minimum (最小限)
- opponent (敵対者) ⇔ supporter, proponent (援護者)
- predecessor (前任者) ⇔ successor (後継者)
- producer (生産者) ⇔ consumer (消費者)
- profit (利益) ⇔ loss (損失)
- publicity (周知) ⇔ obscurity (無名), secret (秘密)
- quality (質) ⇔ quantity (量)
- subjective (主観的な) ⇔ objective (客観的な)

メディア&ライフ・文化・レジャー編

【メディア】

□ 大量消費	mass consumption
□ 言論の自由	freedom of speech
□ 情報の漏洩	information leakage
□ 個人情報の盗難	identity theft
□ (携帯の) メール	text messages
□ 迷惑メール	spam ; junk mail
□ テレビ視聴者	TV viewers

【ライフ・文化・レジャー】

□ 公共料金	utility bills
□ 水道水	tap water
□ 自動販売機	a vending machine
□ 家電製品	ousehold appliances
□ 運転免許	a driver's license
□ 日用品	daily necessities
□ 託児所	a day-care center
□ 車椅子	a wheelchair
□ 共稼ぎ家族	a double-income family
□ 家族の絆	family ties
□ 年金制度	the pension system
□ 窃盗	theft
□ 監視カメラ	a surveillance [security] camera
□ 罰金	a fine
□ 温泉地	a hot spring resort
□ 片道切符	a one-way ticket
□ 旅費	travel expenses
□ 歴史建造物	a historical building
□ 世界遺産	a World Heritage site

19. 傾向・可能性・能力

1098	**be capable of ~ing** V R L	～する能力がある； ～の可能性がある
1099	**be subject to ~** V R L W	～を受けやすい； ～にさらされる
1100	**have little hope of ~** V R L W S	～望みが薄い； ～の見込みがあまりない

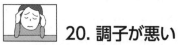 20. 調子が悪い

1101	**for the worse** V R L W S	悪い方向に；悪化の方向で
1102	**out of control** V R L W S	手に負えない；制御不能で
1103	**out of service** V R L W S	休止中で；故障中で
1104	**out of shape** V R L W	不調で；体調不良で

She is capable of multitasking efficiently.
彼女は効率よく (マルチタスク) ができる。

💡 a capable assistant で「有能な助手」

The small country is subject to attack by other countries.
その小国は他国からの攻撃を受けやすい。

💡 be subject to change without notice (予告なく変更されることがある) も重要!

She has little hope of promotion.
彼女は昇進の望みが薄い。

💡 have no hope of~ で「~の見込みがない」

Her health took a turn for the worse last month.
彼女の容態は先月悪化しました。

💡 for the better で「良い方向に」

D
A
Y
20

The situation got out of control.
事態は収拾がつかなくなった。

💡 beyond control に変換可能!

The elevator is out of service.
そのエレベーターは故障中だ。

💡 電車やバスの「回送」は out of service の表示

I'm out of shape these days.
最近体がなまっている。

💡 in good shape は「快調で」

21. 代わりに・条件で

1105 ☐ ☐	**in place of ~** V R L W S	~の代わりに；の代理で
1106 ☐ ☐	**on behalf of ~** V R L W S	~を代表して；~のために
1107 ☐ ☐	**on the condition that ~** V R L W	~という条件で；もし~ならば
1108 ☐ ☐	**stand in for ~** V R L W	~の代理を務める；~の代わりになる；代役を務める
1109 ☐ ☐	**take one's place** V R L W S	~の代わりをする；~の後任になる

 ## 22. 全体的・一般的に・詳細に・特に

1110 ☐ ☐	**above all** V R L W S	何よりもまず；中でも
1111 ☐ ☐	**in detail** V R L W S	詳細に；詳しく
1112 ☐ ☐	**in particular** V R L	特に；とりわけ

Becky attended the meeting in place of me.

ベッキーが私の代わりにその会議に出席してくれました。

☼ in one's place という形でも使う

On behalf of the company, Charly made a speech.

会社を代表してチャーリーがスピーチをした。

☼ 特に組織や団体を代表する時に使う

We will pay for the shipping on the condition that your order is over $50.

50ドルを超えるご注文に限り(という条件で)弊社で送料を負担致します。

☼ 契約書用語の一つ

He stood in for the chairperson in the meeting.

彼は会議で議長の代理を務めた。

☼ a stand-in for~ で「～の代役」

No one can take his place.

彼の代わりをする (できる) 人は誰もいない。

☼ one's place(人の地位や立場) を take (取る) →代わりをする

D
A
Y
20

Above all, discipline must be maintained in the army.

何よりもまず、軍隊では規律が維持されなければならない。

☼ 言い換えると especially

The chief officer explained the operation in detail.

指揮官はその作戦について詳しく説明した。

☼ 対義語は outline (アウトライン)、summery (概要) など

In particular, Susan was interested in astronomy.

スーザンは特に天文学に興味があった。

☼ Nothing in particular.「特にはありません」はよく使う口語表現

321

1113	**as a rule** V R	原則として；概して
1114	**on the whole** V R L	全体として；概して
1115	**to the point** V R	的を射て；適切な

23. 確実に・約束を守る

1116	**for sure [certain]** V R L W S	確実に；確かに
1117	**keep one's word [promise]** V R L W S	約束を守る；約束を履行する
1118	**make sure that ~** V R L W S	～だと確認する； ～に確実になるようにする
1119	**a man of his word** V R L	約束を守る人；信用できる人

24. 偶然に

1120	**at random** V R L W S	無作為に；でたらめに

As a rule, students don't like getting up early.
概して、学生は早起きが好きではない。

💡 as a general rule ともいう

On the whole, the event was successful.
全体として、そのイベントは成功だった。

💡 言い換えると overall, as a whole, in general

The instructions were precise and to the point.
指示は正確で的を射ていた。

💡 out of point は「的外れの」

One thing is for sure.
これだけは言える (一つだけ確かなことがある)。

💡 That's for sure.「確かに。」はよく使う相槌

Are you sure to keep your word?
本当に約束を守れますか。

💡 break one's word [promise] で「約束を破る」

Make sure that the power is on.
電源がオンになっているのを確認して下さい。

💡 make sure to~「必ず~する」も覚えよう!

He is a man of his word.
彼はあてになる (約束を守る人だ)。

💡 女性の場合は a woman of her word

D
A
Y
20

We chose examples at random.
我々は無作為にサンプルを選んだ。

💡 一語なら randomly

323

| 1121 | **by accident [chance]** V R L W S | 偶然に；たまたま |

 ## 25. 順番に・交替で

1122	**in order** V R L W S	順序正しく；正常に；整理して
1123	**by turns** V R L W S	順番に；交代で；交互に
1124	**take turns ~ing** V R L W S	交替で～する；代わる代わる行う

 ## 26. 独り・自分で・こっそりと

1125	**behind one's back** V R L	人の陰で；こそこそと
1126	**in person** V R L W S	(直接)本人が；自分で
1127	**in private** V R L W S	こっそりと；非公式に；内々に
1128	**on one's own** V R L W S	独力で；自力で

The gun went off by accident.
銃が誤って暴発した。

💡 反対は on purpose「故意に」

All the machines were working in order.
全ての機械が正常に作動していた。

💡 out of order で「故障して」

We keep watch by turns.
私たちは交替で見張りをします。

💡 in turn「順番に」と置き換え可能だが by turns の方が「交互に」のイメージが強い

They took turns driving a car.
彼らは交替で車を (運転) した。

💡 It's your turn.「あなたの番です。」も覚えよう！

D A Y 20

They made fun of me behind my back.
彼らは陰で私を笑いものにした。

💡 behind parents' back で「親の目を盗んで」

I will meet my client in person.
私は顧客に直接会います。

💡 言い換えると personally など

Could we talk in my room in private?
私の部屋で内々に話ができますか。

💡 言い換えると personally, in secret など

He will succeed on his own.
彼は独力で成功するでしょう。

💡 言い換えると of oneself, voluntarily など

27. 合わせて・共に

| 1129 | **go along with ~** V R L W S | ~に賛成する；~に同行する |

| 1130 | **go with ~** V R L W S | ~と調和する；~と共に進む |

28. 時間・時期・瞬間

| 1131 | **at first** V R L W S | 最初は；当初は |

| 1132 | **at hand** V R L | 手元に；差し迫った |

| 1133 | **at the moment** V R L | 今のところ；現在は |

| 1134 | **at times** V R L | 時々；時折 |

| 1135 | **come around** V R L W S | (季節・年間行事などが)巡ってくる；回復する |

| 1136 | **for ages** V R L | 長い間；長期間 |

Few people went along with the new policy.
新政策に賛同した人はほとんどいなかった。

💡 go along with the situation で「成り行きに任す」

The jacket goes with any color shirt.
このジャケットはどんな色のシャツとでも合います。

💡 言い換えると match など

At first, I thought he was an honest man.
最初は、彼のことを正直な人だと思った。

💡 最初とその後が違うという含蓄がある

Make sure that you have all your notes at hand.
全てのメモを必ず手元においてください。

💡 on hand も同義

The doctor is not available at the moment.
先生は今手が離せません。

💡 強調するなら at the very moment「ちょうど今」

At times my pulse is irregular.
時々不整脈があります。

💡 言い換えるなら sometimes など

The rainy season is coming around.
梅雨の季節が到来しようとしています。

💡 What goes around comes around. で「因果は巡る」

LED bulbs are made to last for ages.
LED電球は長期間保つように作られている。

💡 言い換えると for a long time、for many years など

**D
A
Y
20**

1137	**for good** V R	永久に；永遠に
1138	**in a row** V R L W S	連続して；一列に
1139	**in case of ~** V R L W S	~の場合には；~に備えて
1140	**in the meantime** V R L W S	そのうちに；その間にも
1141	**just around the corner** V R L	間近に；近づいて
1142	**keep time** V R L W S	(時計が) 正しく動く；時を刻む
1143	**on the spot** V R L	即座に；現場で

29. 数量・程度

| 1144 | **no more than ~** V R L | ~しか…ない；わずか~しかない；~でないのと同じ |
| 1145 | **amount to ~** V R L W | 合計で~になる；~に達する；~に等しい |

I've given up smoking for good.
私はきっぱりと永遠にタバコはやめました。

☆ 言い換えると forever

Brian won three games in a row.
ブライアンは三回連続してゲームに勝った。

☆ 言い換えると straight、in succession

the medical staff was increased in case of emergency
緊急時に備えて医療スタッフが増やされた

☆ in case of emergency で「緊急時には、緊急時に備えて」

In the meantime, the problem will be solved.
そのうちにその問題は解決されるだろう。

☆ 言い換えると meanwhile

The summer vacation is just around the corner.
夏休みが近づいている。

☆ 是非使いこなして欲しい表現!

He made sure that his watch kept time.
彼は腕時計が正しく動いている事を確認した。

☆ 「タイムを取る」という意味も!

**D
A
Y
20**

He made a decision on the spot.
彼は即座に決断した。

☆ arrest someone on the spot 「現行犯逮捕する」

These are no more than a single example.
これらは単なる一例に過ぎない。

☆ 文脈により only に言い換え可能

Last year's sales amounted to $2,000,000.
昨年の売上高は200万ドルに達した。

☆ mount (山) のように積み重なって〜に達するというイメージ

329

1146	no less than ~	
☐ ☐	V R	~に劣らず；~と同じほど

30. 活動・進行中・続ける

1147	on a diet	
☐ ☐	V R L W S	ダイエットをしている；食事療法中の

1148	carry on ~	
☐ ☐	V R L W S	~を続ける；~を進める

1149	on duty	
☐ ☐	V R L	勤務中で；当直の

1150	under construction	
☐ ☐	V R L W S	建設中の；工事中の

31. 耐える・そのままでいる

1151	keep up ~	
☐ ☐	V R L W S	~を維持する；~を持続する；頑張る

1152	leave A alone	
☐ ☐	V R L W S	Aを一人にしておく；Aを放っておく

1153	put up with ~	
☐ ☐	V R L W S	~を我慢する；~に耐える

He is no less than a genius. 彼は天才も同然だ。	💡 less (より少ない、劣っている) を no で強く否定→劣らず

I'm on a diet right now. 私は今、ダイエット中だ。	💡 diet 単独では「食事」「食事療法」の意味で使われることが多い
They carried on a conversation for hours. 彼らは何時間も会話を続けた。	💡 Carry on! 「続けて。」はよく使う口語表現
He is on duty two nights a week. 彼は週2日の夜勤がある。	💡 off duty で「非番の」
A new hospital is under construction. 新しい病院が建設中だ。	💡 「製作中」という意味もあ

**D
A
Y
20**

He keeps up a good relationship with his colleagues. 彼は同僚と良い関係を維持している。	💡 keep it up! は「その調子で(がんばって)。」という応援の言葉
John left the children alone in the car. ジョンは子供達だけを車に残した。	💡 Leave me alone! 「構わないで。」はよく使う口語表現
He could not put up with her rude behavior. 彼は彼女の無礼な振る舞いを我慢することができなかった。	💡 言い換えると bear, be patient with 等

331

1154	**hold the line** VRLWS	電話を切らずに待つ； 電話回線をつなげておく
1155	**hold up** VRLWS	耐える；妨げる； 強盗する

🚫⊗ 32. 否定

1156	**far from ~** VRLWS	～からは程遠い； 決して～ではない
1157	**by no means** VRL	決して～でない； 絶対に～ない
1158	**out of the question** VRLWS	論外で；話にならない
1159	**there is nothing you can do about ~** VRLWS	～についてはどうすることも できない（何もできない）

33. 反対・逆接

1160	**go against ~** VRLWS	～に反する；～に逆らう
1161	**in spite of ~** VRLWS	～にもかかわらず

Please hold the line for a few minutes.
少しの間、電話を切らずに待ってください。

🔆 hold on と同義

He held up under the pressure.
彼はプレッシャーに耐えた。

🔆 hold up a bank (銀行強盗する) hold up traffic (交通妨害をする) も重要!

It was far from a success.
それは決して成功ではなかった。

🔆 far from a reality で「現実からは程遠い」

By no means you are allowed in the room.
決して部屋には入らないように。

🔆 文章により never に置き換え可能

His suggestion is out of the question.
彼の提案は問題外だ。

🔆 out of question (疑う余地もない) と混同しないように

**D
A
Y
20**

There is nothing you can do about it.
それについてはどうすることもできない。

🔆 There is nothing you can do about it. で「仕方がないね。」

His way of thinking goes against the global trend.
彼の考え方は世界の動向に逆行している。

🔆 go against the tide で「時勢に逆らう」

In spite of his doctor's warning, my father continues to smoke.
主治医の忠告にも関わらず、私の父はタバコを吸い続けている。

🔆 despite に置き換え可能

1162	contrary to ~ V R L	～に反して；～とは裏腹に
1163	on the contrary V R L	それどころか；逆に；その一方で
1164	to the contrary V R L	それとは反対に；逆に

34. 経済・ビジネス

1165	be free of ~ V R L W S	(料金・税金などが) 免除されている；～のない
1166	for nothing V R L	見返りなしで；無料で
1167	go out of business V R L W S	倒産する；廃業する
1168	in demand V R L W S	需要があって；必要とされて
1169	on business V R L W S	商用で；所用で

Contrary to my expectation,
the product does not sell well.
私の予想に反して、その製品は売り上げが良くない。

💡 contrary to appearance で「見かけによらず」

Sales were not bad last year.
On the contrary, the company
made a great profit.
その会社の昨年の売り上げは悪くなかった。それどころか大きな利益を得た。

💡 on the contrary は「それどころか」という意味があるが、to the contrary は単に逆であることを表す

To the contrary, the crisis
brought people together.
逆に、その危機は人々を団結させた。

💡 say to the contrary で「反対のことを言う」

All these items are free of
charge.
これらの商品はすべて無料です。

💡 free of taxes で「免税で」

I realized that I was working for
nothing.
私はただ働きしていることに気づいた。

💡 「無料で」と言う意味では for free をよく使う

**D
A
Y
20**

It was surprising that the
company went out of business.
その会社が倒産したとは驚きだった。

💡 put A out of business で「A を倒産に追い込む」

Expensive apartments are high
in demand
高級アパートは非常に需要が高い。

💡 He is very much in demand. で「彼は売れっ子だ」

He is abroad on business.
彼は海外出張しています (仕事で海外にいる)。

💡 on urgent business は「急用で」

35. 思う・考える・思慮深い・思い起こす

1170	**come up with ~** V R L W S	～を考え出す；～を思いつく
1171	**bring back ~** V R L W S	～を思い出させる； ～を取り戻す
1172	**have second thoughts** V R L	考え直す；思い直す
1173	**on second thought** V R L	考え直してみると； よく考えてみると
1174	**know better than to ~** (動詞原形) V R L	～するほど愚かではない； ～しないだけの分別をもつ
1175	**look back on [to/at] ~** V R L W S	(昔のこと) を振り返る； ～を回想する
1176	**take account of ~** V R L	～を考慮する；～を配慮する
1177	**take ~ for granted** V R L W S	～を当然のことと考える； ～を当たり前と思う

He came up with a good idea.
彼は素晴らしい考えを思いついた。

💡 一から考え出すイメージ

This video brings back a lot of memories.
このビデオはたくさんの思い出を思い出させてくれる。

💡 This brings back memories. で「(何かを見て) 懐かしいなあ。」

I'm having a second thoughts about it.
その事を考え直している。

💡 I'm having second thoughts. で「(自分の決断が正しかったかどうか) 悩んでいます。」

On second thought, she declined the job.
考え直して、彼女は内定を辞退した。

💡 「やっぱり」と直前に言った事を変える時など口語でもよく使う

She knows better than to believe such a story.
彼女はそのような話を(信じる)ほど愚かではない。

💡 この表現を使いこなせたら上級者！

Sometimes I look back on my life.
時々人生を振り返ることがある。

💡 think back on (to) も同じ意味

Please take account of his opinion.
彼の意見を考慮してください。

💡 「～を考慮しない」は take no account of～

It is often said that Japanese people take peace for granted.
日本人は平和を当然のことと考えているとよく言われる。

💡 take it for granted that～ (～を当然と考える) は使いこなして欲しい重要構文

D
A
Y
20

337

36. 心に留める・記録する

1178 ☐☐	**keep A in mind** VRLWS	Aを心に留める；Aを肝に銘じる
1179 ☐☐	**put down ~** VRLWS	～を書き留める；～を下に置く；鎮圧する
1180 ☐☐	**keep track of ~** VRLWS	～を記録する；～を見失わないようにする

 37. 目を通す・調べる

1181 ☐☐	**check out ~** VRLWS	～を調べる；図書館で借り出す；(ホテルなどで) 勘定を済ませる
1182 ☐☐	**go over ~** VRLWS	～を詳しく調べる；見直す
1183 ☐☐	**look over ~** VRLWS	～に目を通す；～をざっと見る
1184 ☐☐	**have a look at ~** VRLWS	～を見る；～をチラッと見る
1185 ☐☐	**look through ~** VRL	～に目を通す；～を見抜く

I always keep my teacher's words in mind. 私は恩師の言葉をいつも心に留めている。	💡 keep in mind that~ で「~を心に留める」
She put down my phone number on paper. 彼女は紙に私の電話番号を書き留めた。	💡 put down a riot で「暴動を鎮圧する」
The police are keeping track of the suspect. 警察はその容疑者の動向を把握している。	💡 keep track of one's family budget で「家計簿をつける」

He checks out a book at the library. 彼は図書館で本を借ります。	💡 DJの「チェケラ！」はここから
Go over your report before the meeting. 会議の前に報告書を詳しく調べなさい。	💡 文脈により examine, inspect 等と言い換え可能
My boss usually looked over the agenda just before the meeting. 私の上司は大抵、会議の直前に議題に目を通す。	💡 overlook「見落とす」と混同しないように！
I'll have a look at the document later. 後で資料を見ておきます。	💡 have a close look at~ で「~よく見る」
Would you look through this report? この報告書に目を通していただけますか。	💡 look through someone で「人を見て見ぬふりをする」の意味も！

D A Y 20

| 1186 | **run through ~** VRLWS | ～にざっと目を通す；
～を調べる；おさらいする |

38. 注意を向ける

1187	**be aware of ~** VRLW	～に気づいている； ～をわかっている
1188	**pay attention to ~** VRLWS	～に注意を払う； ～に気をつける
1189	**keep an eye on ~** VRLWS	～から目を離さない； を注視する；～を監視する
1190	**look out for ~** VRLS	～に気をつける； ～に注意する

39. 頼る・支持する

1191	**rely on ~** VRLWS	～に頼る；～に依存する
1192	**stand by ~** VRLWS	味方をする；支持する； 待機する
1193	**count on ~** VRLWS	～を当てにする；～に頼る

I ran through the list of names before the party.
パーティーの前、名簿にざっと目を通しました。

💡 名 run-through「ランスルー」は舞台などの通し稽古

Are you aware of the problems you have caused?
君は自分が起こした問題をわかっているのか？

💡 be aware that~ で「~をよくわかっている」

It is important to pay attention to the details.
細部まで注意を払うことが大切だ。

💡 pay careful attention to~「~に細心の注意を払う」

Keep an eye on the children.
子供たちから目を離さないように。

💡 keep an eye on the situation で「事態を静観する」

You must look out for falling rocks in this area.
この地域では落石に注意しなければならない。

💡 watch out for に置き換え可能

D
A
Y
20

I rely on my counselor for emotional support.
私は自分のカウンセラーの精神的なサポートに頼っている。

💡 rely on one's instinct で「自分の本能に頼る」

My father always stands by me.
父はいつも私の味方をしてくれる。

💡 stand-by「スタンバイ（待機）」でおなじみ

It was a mistake to count on his ability.
彼の実力を見込んだのは間違いだった。

💡 Count on me！で「私に任せて！」

341

| 1194 | live on ~ V R L W S | ~に頼って暮らす；
~を食べて生きる |

 40. 身体動作

| 1195 | take a deep breath V R L W S | 深呼吸する；大きく息を吸う |

| 1196 | hold one's breath V R L W | (興奮や恐怖などで) 息をのむ；息をひそめる |

| 1197 | hold one's tongue V R L W S | 黙る；静かにする |

| 1198 | with open arms V R L | 両手を広げて；心から喜んで |

My grandparents are retired,
living on a pension.
私の祖父母は引退して年金 (暮らし) をしている (年金に頼っている)。

💡 live on one's salary 「〜の給料で暮らす」

Take a deep breath and relax.
深呼吸して落ち着きなさい。

💡「落ち着いて！」という意味もある

He held his breath at the climax
scene.
彼はクライマックスのシーンで息をのんだ。

💡 don't hold your breathで「あまり期待しないで」

Hold your tongue, or I'll push
you out.
黙りなさい、さもないと追い出しますよ。

💡 hold one's tongue and listen to〜で「おしゃべりせずに〜の話を聞く」

She welcomed her guests with
open arms.
彼女は両手を広げて招待客を歓迎した。

💡 with open mouth は「あっけにとられて、大声で」

D
A
Y
20

Review Quiz ⑳ 日本語に合うように、空所に英単語を入れましょう。

1 事態は収拾がつかなくなった。
The situation got _____ _____ _____.

2 彼は素晴らしい考えを思いついた。
He _____ _____ _____ a good idea.

3 子供達から目を離さないように。
_____ _____ _____ _____ the children.

4 銃が誤って暴発した。
The gun went off _____ _____.

5 彼は図書館で本を借りた。
He _____ _____ a book at the library.

6 新しい病院が建設中だ。
A new hospital is _____ _____.

7 彼はプレッシャーに耐えた。
He _____ _____ under the pressure.

8 これらの商品はすべて無料です。
All these items _____ _____ _____ charge.

9 時々不整脈があります。
_____ _____ my pulse is irregular.

10 彼の意見を考慮してください。
Please _____ _____ _____ his opinion.

正解

1. out, of, control
2. came, up, with
3. keep, an, eye, on
4. by, accident
5. checked, out
6. under, construction
7. held, up
8. are, free, of
9. At, times
10. take, account, of
11. far, from
12. Take, a, deep, breath
13. On, the, whole
14. has, little, hope, of
15. no, less, than
16. stands, by
17. out, of, service
18. on, his, own
19. a, man, of, his, word
20. by, turns

344

11 それは決して成功ではなかった。

It was _____ _____ a success.

12 深呼吸して落ち着きなさい。

_____ _____ _____ _____ and relax.

13 全体としてそのイベントは成功だった。

_____ _____ _____, the event was successful.

14 彼女は昇進の望みが薄い。

She _____ _____ _____ _____ promotion.

15 彼は天才も同然だ。

He is _____ _____ _____ a genius.

16 父はいつも私の味方をしてくれます。

My father always _____ _____ me.

17 そのエレベーターは故障中だ。

The elevator is _____ _____ _____.

18 彼は独力で成功するでしょう。

He will succeed _____ _____ _____.

19 彼はあてになる。

He is _____ _____ _____ _____ _____.

20 私たちは交替で見張りをします。

We keep watch _____ _____

英検２級分野別最重要語彙をマスター！②

ビジネス＆サイエンス・テクノロジー・環境編

【ビジネス】

□ 仕事に応募する	apply for a job
□ 労働力不足	labor shortages
□ 在宅勤務	telecommuting / teleworking
□ 産休	a maternity leave
□ 失業率	the unemployment rate
□ 経済成長	economic growth
□ 同僚	colleagues / co-workers
□ 残業する	work/do overtime
□ 昇進する	get a promotion
□ 観光産業	the tourism industry
□ 製造業	the manufacturing industry
□ 倒産する	go bankruptcy
□ 24時間営業	round-the-clock operations

【サイエンス・テクノロジー・環境】

□ 介護ロボット	a nursing-care robot
□ 天然資源	natural resources
□ 温室効果ガス	greenhouse gases
□ 化石燃料	fossil fuels
□ 環境に優しい製品	eco-friendly products
□ ビニール袋	plastic bags
□ 交通渋滞	traffic congestion
□ 水不足	water shortages
□ 食糧不足	food shortages
□ 自然災害	natural disasters
□ 二酸化炭素排出量	CO_2 emissions
□ 農作物	agricultural products

英検2級分野別最重要語彙をマスター！③

教育&健康編

【教育】

塾	a cram school
生涯教育	lifelong learning
男女共学	co-education
いじめ	bullying
学費	tuition fees
留学生	international students
学業	schoolwork
課外活動	extra-curricular activities
教育費	education expenses [costs]
競争心	a sense of competition
奨学金を得る	win a scholarship
卒業式	a commencement [graduation] ceremony
達成感	a sense of accomplishment
道徳観	a sense of morality
責任感	a sense of responsibility
しつけ	discipline
マナーが良い	have good manners

【健康】

食習慣	eating habits
バランスの良い食事を摂る	have a well-balanced diet
ダイエット中で	on a diet
健康診断	a medical [health] checkup
医療費	medical costs
高齢化社会	an aging society
介護施設	a nursing home

単語

イディオム

●著者紹介

植田 一三 Ichay Ueda 英悟の超人 (amortal philosophartist)、英語の最高峰資格 8 冠突破・英才教育 & 英語教育書ライター養成校「アクエアリーズ」学長。英語の勉強を通して、人間力を鍛え、自己実現と社会貢献を目指す「英悟道」Let's enjoy the process!(陽は必ず昇る!) の主唱者。37 年間の指導歴で、英検 1 級合格者を 2500 名以上、資格 5 冠突破者を 110 名以上育てる。ノースウェスタン大学院修了後、テキサス大学博士課程に留学し、同大学で異文化間コミュニケーションを指導。著書は英語・中国語・韓国語・日本語学習書と多岐に渡り、その多くはアジア 5 カ国で翻訳されている。

藤井 めぐみ Fujii Megumi 米国オハイオ州立ノートン高校卒業ディプロマ取得。英国ロンドン大学キングズカレッジ大学院修士課程 (英語学) 修了。英検 1 級、全国通訳案内士。私立高校教員、英会話教室講師、通訳等の経験を活かし、現在、幼児から大人までを対象に「ひとり、ひとりが地球のかけら、理解しあえる世界へ」というスローガンを掲げ、英語教室「ピース英語研究室」を主宰。

川本 美和 Kawamoto Miwa 大手旅行会社インバウンドツーリズムの海外オペレーター、外国客船の歓迎行事英語 MC を経て、現在は、50 回以上に渡る波乱万丈な欧米諸国滞在経験に基づく、個性的でインスパイアリングな授業を各種学校・セミナーなどで展開中。

上田 敏子 Ueda Toshiana アクエアリーズ英検1級・国連英検特A級・通訳案内士講座講師。バーミンガム大学院 (翻訳学)・ケンブリッジ大学国際関係論コース修了。国連英検特A級、工業英検1級、英検 1 級、TOEIC 満点、通訳案内士取得。鋭い異文化洞察と芸術的鑑識眼を備え、英語教育を通して知性と人格を磨く英語教育界のワンダーウーマン。主な著書に『英検面接大特訓シリーズ』(Jリサーチ出版)、『英検ライティング大特訓シリーズ』(アスク出版) がある。

本書へのご意見・ご感想は
下記URLまでお寄せください。
https://www.jresearch.co.jp/contact/

カバーデザイン 花本浩一
本文デザイン・DTP
　　　　　　　 江口うり子(アレピエ)
本文イラスト 田中斉
校正 巣之内史規

英検® 2級 必ず☆でる単 スピードマスター

令和2年 (2020年) 12月10日　初版第1刷発行
令和4年 (2022年) 3月10日　第2刷発行

著　者　植田一三　藤井めぐみ　川本美和　上田敏子
発行人　福田富与
発行所　有限会社 Jリサーチ出版
　　　　〒166-0002 東京都杉並区高円寺北2-29-14-705
　　　　電話 03(6808)8801(代)　FAX 03(5364)5310(代)
　　　　編集部 03(6808)8806
URL　　https://www.jresearch.co.jp
印刷所　㈱シナノパブリッシングプレス

ISBN 978-4-86392-493-2　禁無断転載。なお、乱丁・落丁はお取り替えいたします。
©2020 Ichizo Ueda, Megumi Fujii, Miwa Kawamoto, Toshiana Ueda, All rights reserved.